富饶辽阔美丽多姿,碧绿的青草散发着迷人的幽香,各种动物也尽情地奔跑着,跳跃着,一切都显得那么生机勃勃。"没有形象感的讲话,很难在演讲中吸引听众。其他如处世口才、社交口才、幽默口才、机智口才、辩论口才,亦各具特点,读者可以通过阅读本书学习并掌握其要诀。

为了从青少年时期就开始培养良好的口才,我们组织一些作者,编写了这套《好口才系列丛书》。口才类书既可结合语言学、信息科学、传播学、心理学等学科理论写得很深奥,也可以写成一部以理论为主的教材,还可以结合实际的例子写成通俗读物,而这套丛书属于第三类,可以作为课程教学的课外读物,对培养好口才具有助益。书稿的编写,由众多作者完成,我看过全书稿件,提了些修改意见。由于出于众手,错误之处敬请谅解,写作参考了大量国内外同类著作,在此　并谢过。

汪启明

2013 年 10 月于成都空中港湾寓所

21世纪是口才的世纪

21 世纪是口才的世纪

跨入 21 世纪的第二个十年,职场竞争越来越激烈,生活节奏日益加快,活动空间越来越大,由此带来的人与人之间的交往也比过去任何时代都更频繁、更紧密。生活在这个时代的人们,无时无刻不在输入和输出信息。人际交流和沟通,已经成为每个人须臾不可或缺的阳光、空气和水。

"好风凭借力,送我上青云",人们在工作中交谈,在政治上辩论,在经济战场上驰骋,在生活中尽情地挥洒和展现自己的才华,离不开口才这个"好风",口才是现代人所必须具备的重要能力之一。从木桶理论考量,光是"酒好"还不行,满腹经纶而木讷寡言,很难在现代社会进退自如。从某种意义上说,口才可以决定一切。

口才是人走向社会、走向成功的通行证。戴尔·卡耐基说:

> 一个人的成功,约有 15% 取决于知识和技术,85%取决于人际沟通和口才等综合素质。

这个成功学的公式已经为大多数人所认可,而这举足轻重的85％，恰恰是很多人成功的绊脚石。这个比例虽然有些夸大，但俗话说"成败是说出来的，机遇是听出来的"，并非空穴来风。

第二次世界大战后，西方一些人将舌头和原子弹、金钱并提，称之为征服世界的"三大威胁力量"。这里的舌头代表口才，原子弹代表科技水平，金钱代表经济基础。发展到当下，口才与美元、互联网也可视为人们在职场赖以生存和竞争的"三大战略武器"。

口才好不一定是人才，但要成为人才不能没有好口才。在日常生活中，我们随时都可以看到，那些能在各种场合充分展示自己才智、才学、才华的人，那些自然而然成为"意见领袖"的人，恰恰都思维敏捷、思路清晰、能言善辩、出口成章。拿破仑曾说过："我们用语言来统治世界。"这里的语言不是一般的语言，而是口才。以政治人物为例，他们往往具有口才非凡的特点，像马克思、列宁、林肯、丘吉尔、罗斯福、戴高乐、孙中山、毛泽东、周恩来、鲁迅、闻一多等杰出人物都口才超群，留下了许多令后人反复传诵的佳话。可以说，没有良好的口才，就不可能成就这些伟大人物。今天，虽然有了大众媒介、移动终端、微信微博等传播工具，但口头表达能力的高低，还是决定一个人综合能力高低的极重要因素。

这套《好口才系列丛书》，分为处世、社交、演讲、幽默、机智、辩论六个方面。它们有共性，又各有其特点。共性如都要表达自己的思维和观点，要掌握丰富的语言词汇，语言具备严密的逻辑结构，要有一定的节奏和语气。不同之处如演讲就需要话语的形象感，并让这些形象在听众的脑海中流淌，深深地影响听众，如电视片"动物世界"中的台词："夕阳西下的非洲大草原，

目　　录

彼得大帝的信使

——虚张声势法

河豚遇到危险，会把扁平的肚子一鼓再鼓，瞬间膨胀成可怕的大圆球，用来吓唬对方。此即虚张声势。机智之人亦用之，玩笑如吹牛，认真如从政、经商、伐兵。

公元前555年冬10月，晋、齐两军准备在平阳交战。

晋军统帅派司马奉命排除山林河泽的险阻，连军队到达不了的地方，也树起了大旗，稀疏地布置阵地，让战车左边坐上真人，右边放上假人，远远望去，战车上的假人就像真人一样，并用大旗做前导，战车后面拖上树枝。

交战之前，齐侯登上巫山，远远望去，隐隐约约地看到晋军军阵严整、战车成行、兵马众多，吓得魂不附体，顾不得跟齐军将帅打招呼，就逃回齐国去了。众将领见齐君逃走，也无心恋战，随后也都偷偷地率军逃走了。

晋军统帅巧用虚张声势，竟吓跑了堂堂的一国之君。

如果说，晋军好歹还用了几个假人，有点成本，那么还有更省钱的。日本古代有个武士叫武田信义，此人很会打仗。一次，他率军袭击敌人后方，当通过富士沼泽地时，发现沼泽地里栖息着成群的水鸭。它们被突然到来的不速之客所惊吓,乱叫乱飞,四处逃窜。武田见状,顿时一不做二不休,派兵四面八方轰赶水鸭,成群结队的鸭子一起向敌军阵地飞去,"羽音编成军势之壮",有如一支庞大的军队迅猛地扑去似的。

敌军忽闻背后"扑扑"作响,疑是大队兵马自背后来袭,吓得失魂落魄,慌忙遁逃了。

虚张声势的要点,在于把真实"合理"地夸大,迫使对方不得不信,故而它同样需要对方的"配合"。《三国演义》中的张飞在长坂坡当阳桥上开始一声吼,喝退曹兵,河水倒流,猛惊曹操,后来拆了小桥,露了马脚,曹操就不配合了。

1704年,俄国彼得大帝与当时的军事强国瑞典争霸。瑞典凭借自身强大的实力一度取得压倒性的战场优势,俄国上下一片混乱。在这人心不安、议论纷纷的危急时刻,彼得大帝异常冷静。他深入分析了敌方的心理特点,认为:瑞典皇帝查理十二和瑞典军队的将军们,一向做事都小心谨慎、优柔寡断,缺乏果敢精神、顽强的毅力和坚定的意志。彼得决心利用瑞典人的这一弱点。他不动声色地派遣出一大批紧急信使赴各地,这些信使携带着他的亲笔命令。命令要求各地的指挥官立刻派大批援军前来增援。当然这些援军有的根本不存在,有的远在天边,毫无作用可起。许多送命令的信使故意糊里糊涂地乱走、粗心大意地暴露身份,结果被瑞典军队俘虏。瑞典指挥官搜出了他们身上的密信,详细审问他们的口供。瑞典人经过研究认为,俄国隐瞒了他们的军事实力,俄国的实际军队兵力远比瑞典预计的数量大得多,俄国人之所以不加顽强抵抗地让瑞典人占领沿海地带,是因为他们有着更深远的阴谋……瑞典司令官惊出一身冷汗，立即下令撤退，竟一路"退"回瑞典。

彼得大帝这种实施心理压力的虚惊技巧，在有"海盗"传统的英国人那儿也被运用得恰到好处，不漏破绽。

例如在1940年秋的英意非洲之战中，意军元帅格拉齐尼亚指挥有20万大军，而当时英军驻中东总司令韦维尔将军只有3万多人的一支军队和一个不完整的坦克师。实力远不如对方，国内增援当时也不可能，韦维尔决心依靠"河豚战术"。起初，英国人只能退却，但在退却的同时，韦维尔组织了几支小分队，实施了一条疑兵之计。他们假造了一支"强大的军队"：用数百个橡皮做的"坦克"担任巡逻，它们能够装进板球袋里，然后取出，像气球那样打进气去；"野炮"可装进饼干盒内；两吨重的载重卡车，放掉空气后还没有弹药箱大。工程兵修建了假公路和坦克履带痕迹，一直修到西迪尼拉尼以南，因为格拉齐尼亚的军队就在这里休息。英国人还让带着成群骆驼和马的阿拉伯人，后面拖着耙形装置在沙漠里行动，掀起漫天云状灰尘，从空中观察就像移动中的庞大坦克组队。意大利人的飞机在空中摄影，但高射炮使他们不能低飞，这样就避免了暴露真相。

于是，洗出来的照片使格拉齐尼亚相信，在他的右翼有一支强大的坦克和大炮队形。同时，有情报说英军增援部队正在途中。格拉齐尼亚害怕侧翼受击和被坦克部队切断，就命令他的部队停止前进，沿着亚历山大公路修筑防御阵地，掘壕防守。

韦维尔继续采用这种战术迷惑住敌人，然后极其秘密地调动部队，于12月9日突然发起攻击。虽然格拉齐尼亚的军队事实上仍居绝对优势，但奇怪的是在英军的进攻面前，竟然仓皇败逃。韦维尔的军队前进了600多英里，一举突入利比亚，俘敌13

万,缴获400辆坦克和1300门大炮,英军仅伤亡2000人左右。这场战役被誉为第二次世界大战中最大胆的战役之一。经此一役,意大利在非洲的军队彻底垮台,而在此之前,意军指挥官早已闻风丧胆了。

在1982年4－6月英国和阿根廷争夺马尔维纳斯群岛的战争中,英军又一次故伎重演。马尔维纳斯群岛远在离本土1.3万公里之外,阿根廷军队在武器和人数上无疑占有优势。但是,英国人不管这些,它决意要制造出现代的神话。

首先,英国有意夸大其作战飞机的数目。通过新闻报道传播所谓"非官方人士"消息,说有60架"鹞"式喷气机将在马岛上空逞威,而实际上没有超过20架。在"大西洋运送者"号集装箱货船驶进南大西洋时,报道上说上面载有20架"鹞"式喷气

伪　装

有一个边防缉私警官,每天晚上总看见一个人推着一辆载着大捆麦秆的自行车,朝边防站走来。每天,警官都会命令那人卸下麦秆,解开绳,并亲自用手拨开麦秆仔细检查,之后,又将那人口袋搜寻一番,这才将他放行。尽管警官一直期待着能在麦秆里发现些什么,却从未找到任何可疑之物。又过了好些日子,有天晚上,警官像往常一样仔细检查完麦秆,然后神情凝重地对那人说:"听着,我知道你每天都通过这个关卡干着走私的营生。我年纪大了,明天就要退休了,今天是我最后一天上班,假如你跟我说出你走私的东西到底是何物,我向你保证绝不告诉任何人。"那人这才对警官低语道:"自行车。"

机,而实际上是 5 架。英国国防部也曾宣称,有一批"鹞"式喷气机在空中加油后,在大西洋中部阿森松岛略为逗留后将飞往马岛,新闻报道将加油的"鹞"式飞机说成 20 多架,实际上那只是补充失事的 2 架"鹞"式飞机。

其次,英国还试图加剧阿根廷新兵害怕被训练有素的英国军队所杀死的恐怖感。在这些英军中有骁勇善战的尼泊尔廓尔喀人。当被征用的"伊莉莎白二世女王"号豪华客轮从索斯安普敦启程时,广为报道的消息说,船上运载的部队包括英国第 5 步兵旅所属的廓尔喀步兵营。报上还刊登这些为英帝国服役悠久的尼泊尔战士们手持锋利的廓尔喀弯刀的照片。这种虚张声势的夸大宣传果然造成了传播进而是心理上的优势,使阿军士气受到了很大影响。在古斯格林,450 名英国伞兵俘虏了 1300 名阿军士兵,在斯坦利港,4000 名英军迫使上万名阿军不战而降。而在廓尔喀步兵营拿下斯坦利亚南的威廉山以后,阿军终于开始溃逃和投降了。

王顾左右而言他

——难得糊涂法

凡是说话吞吞吐吐的人或者以扑朔迷离的语言自娱，或者是一些特殊的考虑促使他使用模糊难解的说明。

鲁迅笔下那位在小孩生日说"hehehe……"的大人确实比说明白话的人聪明，就是因为他糊涂。"模棱两可"之所以具有极高的应用价值，也是因为它是明明白白的糊涂。

例如，一位姑娘穿的衣服你并不喜欢，但你可以说："这是件多么有趣的衣服。"或者，"你的衣服真别致"。"有趣"和"别致"便是糊涂之言。评价一个人，不说他如何粗鲁莽撞，而是说，"这个人很有个性"，或很有"特点"。个性、特点等词亦是地地道道的糊涂语言。

推而广之，凡是交际过程中的种种回避之着，皆可称为糊涂之着。北宋时，苏颂出使辽国，正好赶上冬至。宋历冬至日比辽历早一天，辽国人便问谁家的历法对。苏颂说："历家的章法有小差异，或早一点，或晚一点，这都是很正常的。如亥时是今天夜里，过了几刻钟就是子时，那就要算明天了。或先或后，可各自按照本朝的历法。"这么稀里糊涂一通，辽国人认为他讲得很对,就各自按本国的冬至日来庆贺。苏颂返朝后,皇帝也很高兴,说:"你这个回答极符合事理。"

再深而究之,回避之法也有种种,或嬉笑或移题,或反客为主,或似答非答,不一而定。

有一次,有记者问正参加埃以会谈的萨达特:"总统先生,美国是不是从现在起不再给以色列空运军用物资了?"

"也许这个问题应当向基辛格博士提出。"萨达特轻轻将问题推了出去。

基辛格立即说:"幸亏我没有听见这个记者问的是什么问题。"哈哈一笑,事情就那么过去了。

王顾左右而言他也是一种回避。言他,即是转移话题。在基辛格的谈判生涯中,埃及总统萨达特是个较为直率的对手。一次会谈刚开始,萨达特就要基辛格就一个关键问题表明态度。显然,一开始就谈各方都难以让步的棘手问题是很难办的事,直接拒绝也会伤害感情。基辛格是这么回答的:"在我们谈论手头的事务以前,可否请总统告诉我,你是怎样在10月6日那天如此成功地发动了那次令人目瞪口呆的突然袭击的? 那是个转折点,我们现在做的事,从某种意义上说,是这个转折点的必然结果。"萨达特眯着眼睛,又吸了一口烟,他微笑了。他放弃了他要基辛格表达的要求,而是应基辛格的要求讲述起来。因为正是这场战争,萨达特为埃及恢复了应有的荣誉和尊严,使埃及摆脱了从软弱的地位出发来进行谈判的窘境。基辛格的恭维很高明,也很高明地借此避免了尴尬的表态。

回避模糊之法很多。在我们的交际中,需要那么一块模糊的地域。不是什么都要传达清楚的,很多事情也是难以传达清

王顾左右而言他

楚的。这就需要机智的口才了。

美国总统艾森豪威尔(昵称"艾克")很喜欢"模糊表态"的这种妙传手段。据在他身边的工作人员休斯回忆,在每周的总统记者招待会上,不管他怎样努力,还是听不懂艾克讲些什么。他认为总统是个高明的表演家,懂得采用含糊不清、模棱两可的语言来表达他想回避的东西。

1954年5月,当人们担心中国大陆将要进攻台湾海峡的一些岛屿时,美国国务院担心公众对总统就这次危机发表的言论作出反应,他的新闻秘书詹姆斯·哈格蒂(昵称"克姆")在艾克出席记者招待会之前对他说:"总统先生,国务院有人说,台湾海峡的局势太微妙了,所以不管他们问到你这方面的什么问题,都不要开口。""别担心,克姆",总统说,"如果他们问我这方面的问题,我会把他们弄糊涂的。"后来他果然用了150个仔细斟酌的字眼,结果也如愿以偿。

艾森豪威尔的这种"糊弄记者"的态度自然引起了记者们的极大愤怒,一个深受其害的记者决心报复他一下。他按照艾森豪威尔可能会表达的方式,呈写了以简约凝练著称的林肯葛底斯堡演讲。这篇改写的演讲稿是这样开头的:"我没有检查这些数字,87年前,我想是的,这个国家的一群人根据他们所遵循的这种思想,基于一种追求民族独立的安排,他们在这里组织了政府机构——我相信它包括某些东部地区……"结果是:"此时此地,我必须下定决心,按照我的看法,他们没有付出全部心血和汗水——嗯,在这里连尝试一下都没有。所以,我们全体人民,在上帝的保佑下,应该使自由、解放以及那些独立安排的思想得到加强,使我们这个民族有民治、民享的政府永世长存。"

政治家自有他们的难言的苦衷。在敌手环视的公众场合里，他们的任何一句话都会被对手像麻雀一样被解剖，稍有不慎就会在日后的各种谈判场合陷入危机。所以还是守口如瓶，故意把水搅浑为妙。然而久而久之，美国第八届总统马丁·范布伦竟然养成了一种习惯，对日常生活中的一些问题也不肯发表自己的态度了，有一个词"不置可否"是专门形容范布伦在公开场合的一贯表现的。

传说有一次，一位参议员与人打赌说他可以诱使范布伦就某件事明确表态。"马特"——范布伦的昵称，他说，"谣传太阳从东方升起，你相信吗？""哦，参议员，"范布伦回答道，"我知道大家都这么认为。不过，因为我总是在天亮以后才起床，所以我无法证实。"另有一个传闻又是这么说的：在哈德逊河行驶的一艘轮船上，有两位记者看见范布伦倚靠在轮船的栏杆上。其中一位跟另一位打赌，说他能让范布伦吐露出他对某事的看法。"天气真好啊，是吗，范布伦先生？"他试探性地问道。"这要看你说天气好是指什么了。"范布伦回答道："好天气有多种多样，至于今天的天气嘛……嘿嘿。"这种不置可否的回答也是模糊的妙处。

时下流行的"原则同意"，便是个模糊语词，它可作多种的解释，有人称之为："话不说死，留有余地，不失官体，又示谦虚。"既可表示基本同意，又可表示未全同意，故而左右逢源终归有理。是谓诡辩有门。此类情况在日常生活中并不少见。即使是在很严肃的场合也屡见不鲜。

但是也有的时候，使用模糊语词却是交往双方的共同意愿，需要靠它来掩饰矛盾，达成妥协。

1991 年 4 月，苏联总统戈尔巴乔夫访问日本，双方在"领土问题"上争执激烈。问题丝毫没有松动。然而，外交是为内政服务的，无论日本的海部首相还是戈尔巴乔夫，考虑到自己的处境，都不能让这次日苏首脑会谈毫无成果，也不能不发表"联合声明"。那么，怎样逾越"领土问题"这一障碍呢？经过历时 3 天，多达 6 次，累计近 14 个小时的会谈，直到最后一天夜里，1 点 21 分，双方终于拟定了妥协的措施，决定关于"领土问题"在日苏联合声明中作如下表述："海部首相和戈尔巴乔夫总统正在考虑双方对齿舞、色丹、国后和择捉四岛归属问题的宣扬，并且就包括划定领土问题在内的所有各项问题进行了详细而且彻底的会谈。"虽然尚不清楚这是哪一方首先提出来的解决办法，但是，这确实是一段令双方都感到满意的模棱两可的文字。

不传为传的学问

——故作神秘法

利用人们的好奇心理，故作神秘的佯为保密更能刺激信息扩散，也是颇费一番铺垫的机智口才。

明朝时，杭州城有个卖熟肉的老头孙三。每次出门都要反复对他的妻子说："照管好猫儿，都城中没有这个品种，别让外人看见，若被偷走，就要了我的命了。我老了没儿子，这猫和我的儿子没两样。"唠唠叨叨,显得很神秘。邻里多次听到这样的话,也好奇起来,它究竟是只什么样的宝贝猫呢,想看又看不到,越看不到越是想看。

有一天,猫儿忽然拖着绳索跑出门外,孙三的妻子吓得赶紧抱回。结果还是有人看见了:那猫红色,尾爪胡须毫无例外,真是令人惊异爱慕。孙三回家后,责怪妻子没有藏好猫儿,对她又打又骂。大凡这些事愈不该外扬,在人际传播中就愈有市场,愈神秘传得也愈快。不久这消息便传到宫廷内侍的耳朵中,内侍先是派人重金求购,孙三坚决拒绝。那内侍也是锲而不舍,三番五次地来,孙三才开恩只许他看一眼。那宦官看见之后,更加爱不忍释,到底用三百贯钱把猫买去了。孙三还涕泪涟涟,又殴打妻子,整日里叹息惆怅。内侍得到这猫欢喜极了,想调理驯服后献给皇上。但不久猫的颜色渐渐变淡,刚刚半个月,就完全变成了白猫。原来,这只猫的颜色是染上去的,原先那些神秘的气氛都是故意设计出来的。

虽说是几百年前的事,可孙三老头的那套神秘的以不传为传的精明划算,是要比时下一些粗劣的造伪者高明了许多。

一个希望释放出去的信息能否引起别人的注意和信任,有的时候完全是信息接受一方的天下。他可以听,也可以不听,听了也可以根本不当一回事。故而,传者过于强烈和明白的主动性反倒坏事。换一种方法,制造神秘以吸引别人,而且,消息是"泄漏"出去的,这就大大刺激了别人的好奇心。当对方以非工作性的娱乐心态主动追踪此事时,事情的面貌就完全改变了。"情人眼里出西施",注意的重心自然是其理想的一面。关键是保护好神秘性。

有个笑话：某地贫瘠荒芜，一无出产，然各地的游客纷纷云集而往。因为当地发现一个类似大铁锅的玩意倒扣在地上，怎么也扳不起，四周还令人感到有种种魔力似的吸引。有人说它是古代遗物，有人说它是外星人的奇迹，诸说纷纭，莫衷一是。反正愈议论，愈神秘，也就愈为吸引人，当地因此而成为旅游热点。曾经有不少人愿出高价收买此物，进行研究，但是，都被当时的负责人一口回绝了。于是，又引起一次又一次的轰动，参观的人越来越多。后来，换了一个负责人。当一位富翁提出以天文数字般的巨款交换时，他犹豫再三，同意了。富翁于是让人设法揭开了大铁包，发现其中空无一物，仅仅铁包而已。所有传说的奇迹，仅仅是人们主观感觉而已，或者，根据人们的传说感觉而已。

从此，铁包不再神秘。

从此，参观的人也渐渐少了……没有了。

下面这些可不是笑话：

尼斯湖因为神秘的水怪而闻名于世，20 世纪一直轰动世界，吸引着世界游人和科学家。而且，又因为人们始终没有捕获或根本没有见到过那个像海蛇似的水怪，尼斯湖就愈益闻名——直到骗局揭穿。

100 多年来，可口可乐一直把它的配方视为绝密，从未做过任何透露，如果透露，那也只是透露出对保密的重视。甚至，1997 年，当印度政府要求知道这一饮料的配方时，该公司宁可失掉印度这么一个大市场也没有答应。可口可乐公司是聪明的，配方的神秘性确实助成了可口可乐的轰动效应。它已经成为一种文化，美国的英雄巴顿、麦克阿瑟和艾森豪威尔都拿着可口可乐照过相。巴顿曾说过："如果可口可乐早点传到这儿，德国人就会不战而降。"这当然是巴顿的无知，因为在支持希特勒游行的照片中就有运送可口可乐的卡车。但是，这种每秒钟在全世界售了4万瓶的饮料，究竟是用什么做成的呢？1993年，有人偶尔发现了可口可乐的配方，这个配方表明，可口可乐的成分99%是糖和水，别无甚物。该公司的一位广告员如是说："我们卖的是一缕轻烟，人们喝的是牌子，并不是产品本身。"

20世纪的孙三卖猫，是这样吗？

上帝创造的最完美的驼背
——借用诡辩法

如果一位男士邀请恋人出远门，见其面有难色，就说："其实是很近很近的地方，假如和宇宙的大小比起来，真是太近了。"在这里，他是在借用诡辩的方式传达爱意，却给了对方接受的理由。

诡辩是对思维准则的违背，然在传播世界中，也可能获取不同的意义。

先比较两段对话：

①邮局职员：小姑娘，你的信超重了，请再贴一张邮票。

小姑娘：呀！那不是更重了吗？

②牧师:上帝创造的一切都是完美的……

驼背:那我呢？你看我……

牧师:唔……你是上帝创造的最完美的驼背。

谁在诡辩呢？显然是牧师,小姑娘确实很逗趣,但她只是无知。就思维方式来说,诡辩的第一要义是有意识。其次,诡辩也不同于一般的武断或谎言,它有"根据"有方法,这是诡辩另一要义,如果"最完美"的竟然包括驼背,那么世上还有什么是不完美的？如果此处的"最完美"仅仅是指"最具代表性",那么便是偷换概念,因为最具代表性的东西未必是"最完美"的。

但是,如果从传播的方式来说,在此对诡辩却是借用,它要传达的并不是原先思维形式所内涵的信息,而是借表面的相似性引出另外的意义。牧师并没有回答驼背的问题,但他将问题引向幽默,避免了尴尬。

这就好比电影里的蒙太奇镜头,镜头看来是向一个火山口拉近,慢慢再退回来,我们看到的却是一顶火山形状的帽子,然后是戴着这顶帽子的小丑。这里不讲究思维的一致性,它只是借着外在的相似性而完成表意的过渡。

借用诡辩的方式而进行传播,这种方式常常为严肃的哲学家和逻辑学家所诟病。从前提的概念或判断中外推出内涵的信息,必须要防止意义的畸变,是很严肃的事情,不理会原先语词的意义而设法传递另外的信息,转向表达别的意义,这只是传播中的技法。当然也容易混杂,兼而有之的情况也是有的。在此意义上,哲学家和逻辑学家们的担心也不无道理。

如果一个天文学家论证说,人和人其实是挤在一起的,因为这个距离和恒星间的距离比起来根本不算什么。他这么说,可认为在诡辩，完全没有意义。但是，如果一位男士邀请恋人出远门，见其面有难色，就说："其实是很近很近的地方，假如和宇宙的大小比起来，真是太近了。"在这里，他是在借用诡辩的方式传达爱意，却给了对方接受的理由。

在逻辑的意义上，思维的确定性可表述为"A = A"，或"A 就是 A"，这几近同义反复，了无新意。然而，在传播的智慧上，却要将一句这样的废话传出新意，透出另外的意义。这不是机智的表达吗！

请再看一例：

有一位情场高手每次与女士约会，他都恳切地凝视着那女士的眸子。并且把整个世界的感情都放进他声音里去了——他做得异常好，因此他的情绪常常是很真实的——他这样说：

"无论怎样，你总和别的女人不同一点。"

每一次他都如此获得她们的青睐。其实，这是句大废话，任何一个女人与别的女人都是不一样。但是，就是这句话，又确实包含了特殊的意味。

白乌鸦和黑天鹅

——假话不假法

> 不告诉人们在某日可以做什么,而只是告知不应
> 做什么,故而根本不用担什么风险——这是占星家的
> 秘诀。

"盖棺定论"说的是判断人的困难。推而广之,认识别的事物也不容易。

原先说"天下乌鸦一般黑",后来又发现了"白乌鸦";

原先说"所有天鹅都是白的",其实世上还有黑天鹅;

说"当局者迷,旁观者清",说不定旁观者比当局者更迷;

和尚该是不吃荤的,偏偏傣族和尚荤腥一概不禁,也是例外。

清末的龚自珍大声疾呼"不拘一格降人才",可是龙子变种,自己的儿子就带着洋人烧了圆明园,被当时群众指骂为龚半伦(五伦之中只认一个小老婆)。

世界就是那么复杂!

据说,一位严肃正经的绅士,对大街上的一些年轻人的衣着打扮男女不分心神不定:"你看那边一个小伙",他高声对一位旁观者说,"他是少年,还是姑娘?"

"她是姑娘,是我的女儿。"

"喔,请原谅,"绅士抱歉地说,"我不知道你是她的妈妈。"

"我不是她的妈妈,"旁观者厉声说,"我是她的爸爸。"

如果说,绅士算是跟不上形势,无意出错,那么,中国流传广泛的《屁颂》则是曲意奉承,明明白白的撒谎。所谓"高竦金臀,弘宣宝气。依稀乎丝竹之音;仿佛乎麝兰之味,臣立下风,不胜馨香之至"。真是斯文扫地。

如何既不撒谎而又随心所欲,也有伎俩。

其一,在客观世界和主观世界之间,自以为是。不说客观对象是什么,而是强调我感觉怎么样。例如:"世界上有神仙",是个假判断,而我认为"世界上有神仙"却是真的。因为无论真的有没有神仙,只要我有这个认为,这个判断就是真的。下列看似深思熟虑的判断都属此列:

"据我所知……""据认为……""我以为……"

"在我的印象中……"

"根据我的分析……"

"依我本人的意见……"

其二,在现实世界和可能世界之间,无中生有。"可能""大概""恐怕"等等都是很好的遁词,还有更高明的,据说(也是据说)美国前总统里根往往依靠占星术制定政策,消息传出后,占星家在美国极为走红。他们指导的秘诀在于:不告诉人们在某日可以做什么,而只是告知不应做什么。故而根本不用担什么风险,反正是死无对证,也无法"盖棺"。

如果狗单独坐车,即可视为乘客

——矛盾妙用法

　　在日常生活中,如果有谁说话前后矛盾,无疑会被认为是愚蠢可笑之人。然而,当某人真的能够巧妙加以利用它,则又是机智口才的表现。

　　形式逻辑的矛盾规律要求我们,不可同时提出或认可两个互相矛盾的思想。是的,在日常生活中,如果有谁简单而直接违背了这一规则,无疑会被认为是愚蠢可笑。然而,在现实生活中,如果有谁能够复杂或间接地那么做,情况可能就完全不同了。甚至可说是大智慧的表现。

　　春秋战国时,楚国有个太子被扣在齐国当人质。楚怀王死掉后,太子准备回国继位。齐王要挟他割让楚东五百里地,否则不予放行。太子为了回国只得先答应了。

　　这位太子就是后来的楚襄王。

　　楚襄王继位后,头一次上朝,就提出割地五百里之事征询大臣意见。大臣们分歧严重,综归为三派主张:其一,信誉为本,应该割让;其二,拒绝齐国的无理要求,派兵镇守;其三,给不好,不给也不好,既失信于人,实际上也难以和强齐抗争。最好的办法是求救于盟友秦国,请他们派援兵来。楚襄王决定不下,请太守慎子定夺。

不料,慎子竟认为三种意见都可以采用。他的办法是,第一,派使臣到齐国献地,以示信用;第二,换猛将镇守土地,拒绝齐国之求。齐王果然大怒,质问楚使,楚使说:"楚君是守信的,至于地方官抗拒的事,请你派兵攻打就是了。"于是齐军出动,但偏又落入了慎子的圈套;第三,楚国已请来了强大的秦军,秦军元帅向齐王发出最后通牒,说:"你们当初阻拦楚太子回国,这是不仁;现在又兴兵侵犯,这是不义。不仁不义,谁都可以讨伐。所以,希望你审时度势,早点退却,否则我们就不客气了!"齐王很紧张,只得赶紧下令退兵。

大臣们的三派意见是矛盾的,然而慎子连环并用,既不失信又不失地,谁说不是智高一筹。

再看一个现代的例子。

在丹麦的瓦伊勒市,市政当局鉴于城市里狗的数量越来越多,责成税务管理机构颁布了一条新规定:今后如果狗单独乘公共汽车,即可视为乘客,按人头收费。如果它随主人一起乘公共汽车,则作行李计价。而按照国家另一条法令,公共汽车是禁止装运行李的,至于让狗离开主人而独自使用城市的现代化交通工具,也实在难以想象。因此,瓦伊勒税务管理机构的新规定其实是内在矛盾的,但是它又实实在在是使养狗爱好者们无计可施的妙法。

成熟与世故的距离

——化朽为奇法

　　唯物辩证法告诉我们：事物都是一分为二的。在人际交往中，也应如此看问题，办事情。然而，运用之妙，存乎一心。

请听两个真实的故事：

有位中学班主任在给一个学生写评语时被难住了。

　　迟到、早退、好吃、懒做、打架、骂人……样样坏事都离不开他，几乎浑身是过。难就难在写优点。

　　这位老师深知，给青少年学生写评语，总要写几句优点鼓励一番才对。他想啊想，也难以想出一条优点。忽然，他灵机一动，喜上眉梢：记得有一次该生干了坏事被叫到办公室，竟面不改色心不跳地承认了坏事是自己干的。虽然只这一次，但就事论事而言，谁能说这不是一条能大胆承认错误的优点呢？也许是出于恻隐之心吧，他终于给该生写下了仅有十字的一条优点："有时能大胆地承认错误。"

　　几位老师看后不禁哑然失笑，夸他："不但会从鸡蛋里挑骨头，还会从粪土中找珍珠。"另一位老师则说："真没有优点就不写，何必非凑合一句不可呢？"

是啊,这是一条多么可笑又可怜的优点啊,表扬中含着批评。首先,"有时能"三字在日常使用时的言下之意正是"有时不能",实际上是条变相的缺点;其次,"大胆地"三字,并不能表明该生有痛悔之意,似乎可以表明该生对错误的满不在乎;再其次,"承认错误"四个字在意见上重复强调了该生犯有错误,而非做了好事。

不管怎么说,这位老师终究发现了这条可怜的优点,并且去正视他,把它端端正正地写在了优点栏中。没想到这位学生竟然激动地哭了,他对老师说:"没想到,我还有优点……"学生的真心话深深地打动了老师的心,他第一次发现该生还有自尊心,这是一种很可贵的上进的阶梯呀!他懂得,"冰冻三尺非一日之寒",一些顽童多年来养成的恶习,绝非三两日可以根除,便对该生动之以情,晓之以理,进行了长期而耐心的教育。在他的培养下,这位学生的缺点越来越少,优点越来越多,学习成绩也直线上升,初中毕业前夕,竟然被推选当上了一名班干部。

有位职能部门的干部在给一位提拔对象写材料时,也难住了。

他受命伊始,方方面面的说情者络绎不绝,千言万语只是一个意思,请笔下留情,多多美言。

但是总不能没有缺点呀,"人非圣贤,孰能无过"。只能在写法上多斟酌些,比如多写些"希望……"少写或不写问题。可是初稿一再修改,还是难尽"人"意。后来,他绞尽脑汁,终于想出一条绝妙的"缺点","希望以后多注意接近女同志"。于是,被考察者心服口服,皆大欢喜。

端的都是化腐朽为神奇之功,只是,一是成熟的真诚,一是烂熟的世故。

谁能分开河水和海水

——精确诡辩法

概念模糊会导致诡辩,而试图极端精确某些概念也同样会导致另一类诡辩。日常许多概念只是建立在人们彼此之间不可言喻的默契之上,无法精确,否则,根本谈不上交流。

俗话说:"卑贱者最聪明,高贵者最愚蠢。"以古希腊为证。古希腊的很多智慧家皆出身低贱,贵族的老师往往是由家奴充任的。其中,最著名的一个奴隶叫伊索,其丑无比,其智无双。

有一次,伊索的主人在与人喝酒时口出狂言,说自己能够喝干大海的水,还以此打赌,愿以全部家产做赌注。第二天酒醒后,主人痛悔不迭。但是,风声已传遍了全城,覆水难收。主人情急之下,想起了伊索,千恳万求地请伊索给想了个办法。

主人来到海边,再次向围观者郑重发誓:"我从来是说话算数的。一言既出,驷马难追。"

"少废话,你就开始喝吧……"人们不耐烦了。

主人说:"不错,我是要喝干大海,但是你们看,这该死的河水一刻不停流入大海。我只说要喝干大海,可没说要喝河水。你们有谁能把海水与河水分开,我就马上喝干大海!"

这当然是办不到的。打赌的、看热闹的，个个都傻了眼。无不佩服伊索的机智。

伊索的机智在于他诡辩而让人看不出诡辩，使用的是概念的极端精确法。

我们说，概念模糊会导致诡辩，而试图极端精确某些概念也同样会导致另一类诡辩。自然界没有百分之百的"纯"海水，如同夏洛克割不出不破皮不带血的一磅"纯"人肉。日常许多概念只是建立在人们彼此之间不言而喻的默契之上，无法精确，否则，就根本不可能交谈。

比如："秃子""美女""高个子"等等。什么是"秃子"？秃子显然不同于光头，那么头发又该少至怎么个程度？"美女"？什么是美？有可精确度量的标准吗？"高个子"是多高？有的

善　意

有一天，在一所小学的晨会上，校长宣布："我发现昨天有人弹过乐房里的竖琴。你们都知道：我是明令禁止任何人去碰它的。现在，我要那个不听话的同学站出来，否则，我要惩罚你们都站在这里。"会场上一片寂静。不一会儿，有一只小手举起来，一位小女孩说："校长，说不定有一位天使在练习弹琴呢！"会场上响起一阵笑声和耳语声，校长看着女孩那张仰起的小脸，那小女孩也目不转睛地望着校长。突然，校长笑了起来："是啊！也许真是有一位小天使在练习弹琴呢！"然后继续说："好吧！同学们！此事到此为止。"遇到问题，人们倘若都能从"善"的角度去思考，一切都会变得美好起来。

1.75 米就算高了,而有的 1.80 米还是矮将军,如篮球队员。这些模糊的概念之所以不构成对人际交流的障碍,是因为它们在人们的生命空间中大体还有确定的位置。而我们依靠一定的交流语境又能够大体可靠地理解它们。此正所谓"你不说我还明白,你一说反而糊涂了"。

不惟如此,即使是许多看来非常严谨,庄重的概念,它们的含义似乎也是难以精确到彼此完全认同的地步。比如,美国的《独立宣言》声称:"我们认为下面的真理是不言自明的:所有人类生而平等;每个人生下来就具有某些不可侵犯的权利,这就是生命、自由和幸福的追求。"英国学者 R·S·劳伦斯分析说,上述用词,如果是为了提高人类的地位和尊严,确实优雅而令人赞赏,但是若要为大众共同接受的话,它就不可不怀疑,"权利",什么是"权利"?"自由",人对什么才有自由?我看厌了我的房子的时候,假如我不能自由地烧掉,这种"自由"是否值得拥有?"幸福",什么样的生活才是幸福的?你和我及成千上万的一般人,都是才智平庸,无特殊嗜好,生活上常遭遇许多挫折、焦虑……我们幸福吗?当幸福来临时,我们能够知道吗?诸此等等,对于其他诸如真理、平等、生命,也完全都可作出类似的分析。

确定一个概念的单一含义,至少对于相当多数的日常语言是非常困难的。

对此,人们在交际中的处理主要是这么些方法:一是对于重要的概念,只要有可能便尽量准确,比如将"死亡"的理解从传统而可逆的心脏停止跳动转为不可逆的脑活动的停止。二是对于日常大量的模糊概念,在"大体则有,具体则无"的原则下,小心维护人们之间既有的,虽然有的可能是不确定的彼此默契,并尽量深化这种默契。它的顶点或许就是"心有灵犀一点通"。一般人们彼此之间虽然达不到这一步,但是共同加深对某些概念内涵的理解还是可能的。以上两种皆为交往之正则。最糟糕的是第三种。无限夸大不确定性。名为要求绝对精确,实际则断开人际交往的既有桥梁,结果是"老死不相往来"。例如:

作家王蒙有一篇小说,写了一位精神执迷的病人去看医生。医生请他坐,病人勃然大怒:"难道不可以不坐吗?为什么要剥夺我的'不坐权'?"医生请他喝水,病人却说:"不是所有的水都能喝,比如放了氰化钾……"

"我没放毒呀!"医生委屈地说。

"谁说你放毒了?我说你放毒了?你这是诬告,我看你是比放了毒药还要毒。"

医生见情况不妙,只得转移话题,说:"今天天气可真不错。"

"这就得辩证地分析了,不是所有的天气都好,比如北极,阴云茫茫,冰川撞击着雪块……"

"我这不是北极。"医生反驳说。

"可是你能否认北极的存在吗?你否认北极的存在,就是歪曲事实真相,就是……"

但愿我们不会遭遇此等怪人!

谁能分开河水和海水

一加一到底等于多少

——利害相陈法

一加一等于二以外的任何数字,但也不排除等于
二。这就是政治家的回答。因为他们必须为自己的行
为和自己否定自己的行动的行为找出理由。

如果你问孩子:"一加一等于几?"他会回答"二",老师就是
这么教的。然而,这不是唯一的答案。如果你问计算机专家,他
会习惯地告诉你:"十,我们这儿是二进位";如果你问经济学
家,他会说:"十一,因为这是最大的一种排列组合";如果你问
决斗场老板(斗牛或者斗奴隶),他会说:"还是一,一个吃掉一
个";如果你问算命先生,估不准他会冒出个王:"一加一等于王
嘛!"如果向一位政治家征求答案呢?

"一加一可能等于二以外的任何数字,"他再郑重想了想,
"不过,我也不排除等于二的可能。"

这就是政治家的回答。

我们应该原谅他们,他们这碗饭不好吃。社会利益是刚性
的,而风云变幻有时又神秘莫测。在风口浪尖上混饭吃,没有一
点出尔反尔或跳芭蕾舞的本领根本不行。用丘吉尔的话说,政
治家必须为自己的行为和自己否定自己的行动的行为找出

理由。

这当然与一般人的态度转变不同。一般人改变态度，总是因为情况发生了变化，而这在以前并不存在。像苏联作家索尔仁尼琴，他的《古拉格群岛》的前六部早在1967年就完成了，只是到了1973年12月，《古拉格群岛》第一卷才在巴黎出版。在卷首，索尔仁尼琴这样写道："几年来，我怀着压抑的心情没有把这本早已写好的书付印，对生者应负的责任超过了对死者应尽的义务。但是现在，国家安全机关反正已经抄走了这本书稿，我除了立即将它公之于世之外，别无他途。"索尔仁尼琴同意出版此书，态度转化的致因就是书稿被抄（书稿的缩微胶卷早已被偷运出国了），这是认真的。

政治家则不雷同，他可能早就做了算计。对于同一件事情，既可以作如此这般解释，也可以作出截然不同的解释。有趣的是，在中国古代的《战国策》中竟大量记载了此类事件：

——阳坚参与了聂政谋刺韩相韩傀的事件，事后逃到东周住了14天，周天子还用驷马送走了他。韩国因此派人前来责备，有人告诉周天子可以这样反驳："留阳坚14天，本来就是为了等待贵国的命令，那时你们倒不来人，我们不敢收留杀人凶手，只能把他赶走了。"

——秦楚相争，很令周天子为难。一次秦国派车百乘来周，周天子甚为恭敬，也带了百人的卫队来迎接。于是，楚怀王就派人来责问。周方面解释说："历史上有不少借过客而灭国的，秦是虎狼之国，周天子带了大队人马去欢迎，其实是监禁他们，担心一旦亡了国，就会让大王感到忧伤。"楚怀王这才高兴起来。

——周天子派相国周足使秦，有人劝周足先对周天子说：

一加一到底等于多少

"'我去秦国，国内那些想当相国又受秦国赏识的人一定会诋毁我，两国关系就处理不好了，我不若先辞了相国一职再去，这样，得到职位的人便不会诋毁我了。'你这么说，周天子一定不会免你的职，否则是轻视了秦国。但你就因此主动了，关系搞好了，是你的成绩；关系恶化了，受惩罚的是诋毁您的人。"

——张仪在秦惠王面前诋毁陈轸，说楚国对陈轸很友好，陈轸也想投奔楚国。秦惠王因此质问陈轸，陈轸竟完全承认。不过他说："曾参孝子，天下人争欲求其为子；伍子胥忠臣，天下君争相臣之，我如果不是忠臣，楚国为什么会喜欢我？"又说："有人有妻妾两个老婆，年长的拒受勾引，年轻的却和客人眉来眼去。后来那男人死了。别人问勾引的客人想娶哪一个？'年长的。不是我的女人，我希望她受勾引，成了我的女人，那么我就希望她替我去骂别人。'我如果早先和楚国暗通关节，楚国还会收留我吗？"惠王喟然长叹："真乃天下辩才也。"于是信服。

——秦国要求与齐国同时称帝，齐湣王求教于苏秦，苏秦分析说："不答应是弃秦，答应又弃六国。不如且应承又暂缓宣布。如果天下都同意秦国称帝。再称帝不迟；如果天下反对，您就不称帝以收买人心。"

——韩国和赵国交兵，都向魏国借兵。魏文侯对韩国说"我和赵国是兄弟之国"；对赵国说"我和韩国是兄弟之国"，都没有借。两个国家因没借到兵，都生气撤了兵，事后又听说魏侯也没借兵给对方，又以为和自己和解了，都来朝见。

智者千虑，必有一失
——巧钻空子法

　　既有的思维定势既然不严密，对信息的处理也就容易出问题。如同岗哨纵然不缺，却只是向一边看，人们还是可以从另一边溜进来。

择弱观缝、乘虚而入，指的是钻空子的"狡猾"。

严明的律令，缜密的思维，目的之一是为了防止漏洞，但是智者千虑，必有一失，空子还是有的，或者还是可借用的。

1953 年至 1955 年间，阿拉伯石油引起了世界的广泛关注，西方实业家争先恐后地来到这阳光炙人的国度。但开采阿拉伯石油的阿美石油公司早已和沙特等国订立了严明的垄断合同，似乎连一条缝隙也没给那些冒险家们留下。人们兴致冲冲而来，却要垂头丧气而归。

唯有希腊船王奥纳西斯是个例外。

1953 年盛夏，奥纳西斯那豪华的"克里斯蒂娜"号游艇驶进了麦加的港口吉达之后，奥纳西斯进行了详细的访谈。他在一群酋长中间盘膝而坐，吃着抓饭和烤羊肉，和年迈的沙特国王作了长时间的密谈……他试探着询问石油开采情况，终于发现，阿美石油公司和沙特国王虽然订有明确的垄断开采石油的合同，每采一吨石油,给沙特国王相当数目的石油开采费。阿美石油公司用自己的油船队把石油运往世界各地。但合同并没有排除阿拉伯拥有自己的油船队来从事石油运输。这是个可乘之机。奥纳西斯喜不自胜,虔诚地对国王说:

"年高德劭的王啊,安拉选中了你,把人间的财富给了你,你为什么不想法把你的利润提高一倍呢?阿美石油公司把你的石油开采出来,通过运输又可赚到两倍的钱。你为何不自己买船运输呢?你的石油理应由你的油船来运输啊?"

听了这些话,沙特国王如梦方醒,他确实从来没有想到这一点!

1954 年 1 月 20,奥纳西斯和沙特阿拉伯王国签订了著名的"吉达协定"。协定规定成立"沙特阿拉伯油船海运有限公司",该公司的股东是沙特阿拉伯王国和奥纳西斯。这条消息震撼了世界企业界。

美国石油大王洛克菲勒也"玩"过此类的花招,甚至更为邪乎。

那时,洛克菲勒正为独霸美国市场而与泰德华脱油管公司展开激烈竞争。泰德华脱油管公司从石油产地铺了一条油管直达大湖湖滨的威廉汤油库,这给洛克菲勒带来了很大的威胁,洛克菲勒也想铺设一条与之平行的油管。可事情并不那么简单,油管必须通过巴客县,它是泰德华脱公司的势力范围。泰德华脱公司早就促使议会通过一个议案,声明除了已经铺设好的油管外,不许其他油管路经该县县境。

洛克菲勒不禁为此苦思不已,想出个主意。

在一个没有月亮的夜晚,在巴客县的东北角突然来了一群大汉,他们手拿铁锹洋镐,只顾挖土掘沟,很快掘出一条沟,接着又一个劲地把油管埋入沟内,并迅速填平。天还没亮,他们已经全部完工。

第二天,人们发现美孚石油公司已经在巴客县安置了一条油管,县当局准备控告洛克菲勒。这一事件惊动了报界,记者们纷纷采访。洛克菲勒召开了记者招待会,在会上,他说:"县议会的议案规定,除了已经铺设的油管外,不准其他油管过境。希望大家到现场去参观一下,以判定美孚石油公司的油管到底是铺好了的还是没有铺好的。"

有人说,这是洛克菲勒钻了议案的空子,其实,他是在诡辩。因为声明中所谓"已经铺设好的油管"仅仅是指作出声明时"已经铺设好的油管",而不是在引用这个声明时"已经铺设好的油管"。洛克菲勒的本意当然也不是为了讲道理,他只是要一个表面的理由,这样,剩下来的工作就好做了。

明朝有位讼师,长于颠倒黑白,诡计颇多。一次,某户人家父子相殴,儿子把父亲的牙齿也打掉了。老父拿了牙齿去官府告状。这可是了不得的忤逆之罪,儿子便找到这位讼师求问对策。师爷摇头道:"这是件大难事。"儿子把酬金加到很高,师爷这才有点动心,答应考虑此事。第二天,师爷忽然对他说:"想出办法了!避开人,我对着你的耳朵说。"这个儿子侧着耳朵凑上去,师爷猛地一口咬下他半片耳朵。儿子大骇,讼师说:"别嚷,这就是开脱你的办法。"如此如此嘱咐半天。于是官府对质时,儿子就辩解说父亲的牙齿是咬他的耳朵时拉脱的。官府以为人的耳朵断然不可能用自己的嘴巴咬下来。老人牙齿不牢,啮耳落齿,很合情理。于是,相信了儿子的辩解。

智者千虑,必有一失

在这个故事中,那个讼师是狡猾的,也是认真的。他将文章做在既定的一般人的思维定势上,推论也就非常"合理"。错是错在官府,人的耳朵固然不可能用自己的嘴巴咬下来,可也未必一定是老人。这个"别人"其实不是唯一的。

而且,便是"人的耳朵断然不可能用自己的嘴巴咬下来",这个通常的知识也可能会出问题。

有个笑话说,两个人打赌。一个声称可以用牙齿咬自己的左眼。另一个不信。打赌的就拿下左眼放在嘴里。——原来是个假眼。打赌的又说,还可以用牙齿咬自己的右眼。另一个想,总不会双眼都是假的吧?没想到的是,打赌的拿下自己的牙齿去碰右眼——原来他的牙齿也是假的。

既有的思维定势既然不严密,对信息的处理也就容易出问题。如同岗哨纵然不缺,却只是向一边看,人们还是可以从另一边溜进来。

判　　断

把一只眼睛闭上,两只手各拿一支铅笔,试着把两个笔尖顶在一起,你会发现,你几乎不可能把它们碰在一起。而当你睁开双眼,再做相同的动作,情况立刻会变得简单和容易起来。原来,这是人的一个正常视觉生理现象:只有通过两眼的视线对前方物体进行交汇,方能判断出物体的正确方位。同样的道理,在生活中,只有从不同的角度同时审视眼前的事物,人们才能得出关于事物的正确判断和结论。

美国的海关有数百年的历史,各种管理条例既仔细又严格,按说不会出问题吧?偏也不是。

有个叫琼尼的商人想进口手套。当时,进口法国女式手皮套须缴纳高额进口税,因此这种手套在美国的售价格外昂贵。琼尼跑到法国,买下了1万副最昂贵的皮手套。随后,他仔细把每副手套都一分为二,将其中1万只左手套发运到美国。

这位进口商一直不去提取这批货物。他让货物留在海关,直到过了提货期限。凡遇这种情况海关得将此作为无主货物拍卖处理。于是,这1万只舶来的左手套全部被送到了拍卖行。由于一整批左手套毫无价值,这桩生意的投标人只有一个,就是这位进口商的代理人。他只出了一笔微不足道的钱,就把它们全部买了下来。

这时海关当局已意识到了其中的蹊跷,他们晓谕下属:务必严加注意,可能有一批右手套舶到,不能让那个狡猾的进口商得逞。

然而,这位进口商已经料到了这一着。他还料到,海关人员会假设这些右手套会像上次的左手套一样一次整捆运来。于是,他把那些右手套分装成5000盒,每盒装两只右手套。他期望海关官员会认为,一盒装两只手套,那一定是一副。

这个宝又押中了。第二批货物一路绿灯通过了海关。这位进口商只缴了5000副手套的关税,再加上在第一批货拍卖时付的那一小笔钱,就把1万副手套都顺利地弄到了美国。事后,他在对人谈起这件事时,得意地说:"海关虽严,仍有空子可钻,我成功了!"

琼尼的做法自不足取,然而,此"不足取"的做法足应引起人们更深刻的思考。海关先没有想到会有人只进左手套，后也以为只要一盒装的肯定就是一副，还是一成不变。

抗清少年巧骂洪承畴

——迂回制胜法

　　与人论辩，有时需要单刀直入，有时又要巧于迂回，避实就虚，闪开对方所期待的进攻路线或目标，从看似无关的话题入手，使其打消戒备心理，再引入原先准备提出的问题。

　　降清的明朝叛臣洪承畴，在南京时，曾审问抗击清军的夏完淳，企图诱使夏完淳归降。

　　洪承畴向夏完淳允诺：

　　"你小小年纪误受叛徒蒙骗，只要归顺大清，我保你前程无量！"

　　夏完淳对洪承畴的降清致使大明迅速灭亡恨之入骨，有意要讥讽他一番，便假装不认得洪承畴，故意高声回答说：

　　"你才是个叛徒！我是大明忠臣，怎说我反叛？我常听人说起我大明朝'忠臣'洪承畴大人在关外与清军血战而亡，名传天下。我虽年幼，说到杀身报国，还不甘心落在他的后面呢！"

　　洪承畴瞠目结舌，手足无措，督府幕僚们以为他真不认识洪承畴,赶忙悄声告诉夏完淳:"上座正是洪大人。"

哪知夏完淳听后故意勃然大怒:

"胡说,洪大人早已为国捐躯,天下谁人不知?当时天子亲自哭祭他,满朝群臣无不痛哭流涕。不要欺我年幼无知,上座这个无耻的叛徒是什么东西!竟敢冒名来玷污洪大人的在天之灵!"

夏完淳指着洪承畴骂了个痛快淋漓,使得高高在上的"总督大人"——洪承畴羞愧难当而又无话可说。

罗斯福借说笑话解窘境
——以柔克刚法

在劝说过程中,如果遇到对方气盛火旺,就要控制好自己的情绪,待对手气衰势竭之时,再战而胜之。

罗斯福任总统时非常器重一个叫巴鲁赫的人,想请他出山辅佐自己。哪知这个巴鲁赫不愿从政,不领总统的情。但罗斯福并不死心,多次派人前往游说,但巴鲁赫从未松口。后来,罗斯福派当时物价管理署的署长詹姆斯·丛恩斯去见巴鲁赫,并带去了自己的亲笔信。

这一次,巴鲁赫终于被罗斯福的诚意打动了。罗斯福非常高兴,告诉巴鲁赫他将被任命为战时生产署署长,主管战时全部生产事宜。这是个相当重要的职任,巴鲁赫也感觉到罗斯福对自己期望很高,因此决心尽心竭力将工作做好。

第二天,正当巴鲁赫要前往白宫时,忽然觉得身体很不舒服,于是,他先到医院做了检查。结果,医生很严肃地告诉他,他患的可能是癌。顿时,巴鲁赫觉得天旋地转。他觉得不可能,他从未感觉自己的身体有什么异常。于是,三天后他又做了一次检查。结果,这次的诊断结果证明他患的不是癌。这下巴鲁赫心中的一块巨石落地,赶紧前往白宫报道。

但是,正当巴鲁赫在总统的候客室等着罗斯福的召见时,总统的私人秘书告诉他:总统已改变主意,不再让他担任战时生产署署长。

巴鲁赫顿时火冒三丈,自己本来就对政治不感兴趣,只因罗斯福再三邀请盛情难却,才答应他出任生产署署长。可是,正当自己费尽周折前来报到时,总统却莫名其妙地把自己解雇了。巴鲁赫越想越来气,便去找罗斯福理论。

罗斯福见到巴鲁赫,知道他此时怒火正盛,便压根不提解聘之事。他先让巴鲁赫坐下,然后滔滔不绝地讲道:

"白尼,你知道白宫有鬼吗? 女佣说她确实在我的寝室内见到过鬼,而且她肯定这个鬼即是林肯总统。我个人倒没有在白宫见过鬼,但我确实在白宫见过许多笑语。最可笑的是,去年国庆日,我们在白宫举行招待会。我坐在轮椅内,各国使节挽了自己的夫人列队上前来同我握手。"

讲到这里,罗斯福发现巴鲁赫的脸色已经比刚才缓和了许多,知道他已被自己的故事吸引了,便继续讲道:

"队伍缓缓前进,忽然见到一位大使夫人裙子下静悄悄地溜下一个粉红色的东西。大家仔细一看,原来大使夫人的内裤不小心掉了下来。从大腿一直滑到脚尖。更令人叹服的是,那位夫人竟若无其事一样把双腿从内裤中跨出来继续前进,而我们那位黑人侍者乔治更是机敏,他见状,就托了一个空盘,走向前去,拣起内裤,往空盘内一丢,好像是收餐巾一样,大家都对乔治十分佩服……"

正在这时,那位秘书走进来打断了罗斯福的谈话:"总统先生,丘吉尔首相的电话。"

于是,罗斯福借机告辞。

此时巴鲁赫已经完全沉浸在罗斯福刚才讲的那个笑话中去了。满腔怒火不知不觉中竟已烟消云散。这时巴鲁赫也明白了罗斯福的用意,只好无可奈何地告辞而去。

在这个故事中,罗斯福并没有好言相劝,安慰正在气头上的巴鲁赫,那样只能引发争执。聪明的罗斯福采取以柔克刚的办法,先讲一些幽默的小故事,转移巴鲁赫的注意力,消消他的火气。达到目的后,悄悄走开,巴鲁赫也只能无可奈何地离去。

以柔克刚就像中国功夫中的太极一样,可以"杀人于无形",看似温顺缠绵,实则绵里藏针,能使对手无话可说。

据说,有一位商人见到诗人海涅(海涅是犹太人),对他说:"我最近去了塔希提岛,你知道在岛上最能引起我注意的是什么?"

海涅说:"你说吧,是什么?"

商人说:"那个岛上呀,既没有犹太人,也没有驴子!"

海涅笑着答道:"这个好办,我们俩一起去,就可弥补这个缺陷!"

避实就虚,先避其锋芒,再图进取。以柔克刚,温柔也可以变成无形杀手。

一副寿联带来官运

——巧用恭维法

恭维并非小人之计,虚心的恭维会让人难以抵抗。

恭维也并非万能,过多过滥,也会让人生厌。

清朝的中堂大人李鸿章,位高权重,文武百官都想讨他欢心,以便使他多多提携自己,能升个一官半职,也好光宗耀祖。这一年,中堂大人的夫人要过五十大寿,这自然是个送礼的大好时机,寿辰未到满朝文武早已开始行动了,生怕自己落在别人后面。

消息传到了合肥知县那里,知县也想送礼,因为李鸿章祖籍合肥,这可是结攀中堂大人的绝好时机。无奈小小的一个知县囊中羞涩,礼送少了等于没送;送多了吧,又送不起,这下可把知县愁坏了。思来想去拿不定主意,于是请师爷前来商量。

师爷看透了知县的心思,满不在乎地说:"这还不好办,交给我了。保准你一两银子也不花,而且送的礼品让李大人刮目相看。"

"是吗? 快说送什么礼物?"知县大喜过望,笑成了一朵花。

“一副寿联即可。”

“寿联？这，能行吗？”

师爷看到知县还有疑虑，便安慰他：

“你尽管放心，此事包在我身上。包你从此飞黄腾达。这寿联由我来写，你亲自送去，请中堂大人过目，不能疏忽。”

知县满口答应。

于是第二天，知县带着师爷写好的对联上路了。他昼夜兼程赶到北京，等到祝寿这一日，知县报了姓名来到李鸿章面前，朝下一跪：

“卑职合肥知县，前来给夫人祝寿！”

李鸿章看都没看他一眼，随口命人给他沏茶看座，因为来他这里的都是朝廷重臣，区区七品知县，李鸿章哪能看在眼里。

知县连忙取出寿联，双手奉上。

李鸿章顺手接过，打开上联：

“三月庚辰之前五十大寿。”

李鸿章心想：这叫什么句子？天下谁人不知我夫人是二月的生日，这“三月庚辰之前”岂不是废话。于是，李鸿章又打开了下联：

“两宫太后以下一品夫人。”

“两宫”指当时的慈安、慈禧，李鸿章见“两宫”字样，不敢怠慢，连忙跪了下来，命家人摆好香案，将此联挂在《麻姑上寿图》的两边。

这副对联深得李鸿章的赏识，自然对合肥知县另眼相待，称赞有加。而这位知县也因此官运亨通了。

一副寿联让这位知县从此飞黄腾达，他这买卖赚大了，但是,有人比他还要厉害。

1671 年 5 月,伦敦发生了一起举世震惊的盗窃案,一伙盗贼潜入伦敦市郊的马丁塔,想要抢走英国的"镇国之宝"——英国国王的皇冠。然而,这帮盗贼技艺不高,惊动了守塔的卫队。刚一出塔就被团团围住,束手就擒。

事后查明,这伙盗贼共有五个人,是集团作案,为首的是一个叫布勒特的家伙,此人能言善辩,机警诡诈。

英国国王查理二世,听说有人去盗"国宝"非常震惊,他决定亲自审问这些胆大包天的狂妄之徒。

于是,罪大恶极的首要分子布勒特被押到了国王面前。

查理二世看着眼前这位其貌不扬的人,心中暗想:我倒要看看此人究竟有何能耐,居然敢盗国宝,想到这里,便开口问道:

"听说你还有男爵的头衔?"

"是的,陛下。"布勒特老实地回答。

"我还听说你这个头衔是诱杀了一个叫艾默思的人而得来的。"

"陛下,我只是想看看他是否配得上您赐给他的那个高位,要是他轻而易举地被我打发掉,陛下就能挑选一个更适合的人来接替他。"

查理二世沉思了一会,觉得布勒特不仅胆大包天而且口齿伶俐。于是又厉声问道:

"你胆子越来越大,竟然敢来盗我的王冠?"

"我知道我这个举动太狂妄了,但是,陛下,我只是想以此来提醒您关心一下我这个生活无依无靠的老兵。"

"哦,什么?你并不是我的部下!"

"陛下,我从来不曾对抗过您,现在天下太平,所有的臣民不都是您的部下? 我当然也是您的部下。"

说到这里,查理二世觉得布勒特更像是个无赖,便问道:

"那你说吧,该怎么处理你?"

"从法律的角度说,我们应当被处死。但是,我们五个人每一位至少会有两位亲属为此而落泪。从陛下您的角度看,多十个人赞美总比多十个人落泪好得多。"

查理二世没有想到他会如此回答,接着又问:"你觉得自己是个勇士还是懦夫?"

"陛下,我没有一个地方可以安身,到处有人抓我,去年我在家乡搞了一次假出殡,希望大家以为我死了而不再追捕我,这不是一个勇士的行为。因此,尽管在别人面前我是个勇士,但在陛下的权威面前我是个懦夫。"

这番强词夺理的辩解竟然让查理二世大悦,最后他不但赦免了布勒特,还赏给他一笔不小的赏金。

因此,有时候虚心一点,恭维对方,维护和提高对方的自尊心,可以缓和双方的关系。当然,在我们今天的社会中,不可能出现像布勒特这种仅凭三寸不烂之舌就可免去死罪的荒唐事情,人类文明演进到今天,法网恢恢疏而不漏,不过,我们可以从布勒特身上得到一些启发。

当别人称赞自己时,尽管会作出一副谦虚的样子,但心里却由衷地感到高兴,同时也会对称赞自己的人有一种好感。所以,要达到说服他人的目的,不妨先恭维他一番,但要注意的是,不要借贬低别人来恭维对方,否则会让人觉得你乃是小人之心,不怀好意。真是这样,可就麻烦了。

马克·吐温的窃窃私语

——环境控制法

> 温馨、和谐的环境能拉近人与人之间的距离。控制环境的同时,你也就征服了所有的听众。

在一些场合中,人们总是会碰到一些意想不到的事情,也许是自己言语失态,也许是周围环境令自己始料不及,也许是对方反应不如事先预料的那样。在这种情境下,人们有必要学会控制环境,也就是要随机应变,控制局势,才不会使自己进退两难。

1890 年,著名作家马克·吐温一行 20 余人参加了道奇夫人举行的家宴。

宴会不久就出现了常见的情况:每个人都在跟自己身边的人谈话,慢慢地,大家的声音越来越高,整个会场乱糟糟的一片,简直不像是在举行宴会,倒像是处在热闹异常的菜市场之中。

道奇夫人面露难色,但她不能扫了大家的兴致,马克·吐温也觉察到了这些,但如果在这时大叫一声,让人们安静下来,其结果肯定会惹人不快,甚至闹得不欢而散。怎么办呢?

马克·吐温心生一计,便对邻座的一位太太说:"要让他们安静下来,办法只有一个:您把头歪到我这边来,仿佛对我讲的话听得非常起劲,我就压低声音讲话。这样,旁边的人因为听不到我说的话,就会想听我的话了。我只要叽叽咕咕一阵子,你就会看到,谈话会一个个停下来,接着便会一片寂静,除了我的声音之外,不会再有其他任何声音。"

那位太太将信将疑,但她还是按马克·吐温的话做了。于是,马克·吐温低声讲了起来:

"11年前,我到芝加哥去参加欢迎格兰特将军的庆祝活动,第一个晚上设了盛大的宴会,到场的退伍军人有600多人。坐在我旁边的是××先生,他耳朵很不灵便,有个聋子常有的习惯,不是好好说话,而是大声地吼叫。他有时候手拿刀叉沉思五六分钟,然后会突然一声吼叫,吓你一跳。"

说到这里,道奇夫人那边桌子上的嘈杂声果然小了下来,人们开始好奇地看着马克·吐温,寂静沿着长桌,蔓延开来。马克·吐温用更轻的声音一本正经地讲下去:

"在××先生不作声时,坐在我对面的一个人对他邻座讲的故事快讲完了。我听到他说'说时迟,那时快,他一把揪住了她的长发,她尖声叫唤,哀求着,然而他还是无情地把她的脖子按在他的膝盖上,然后用刀子可怕地猛然一划……'"

此时,马克·吐温的目的已经达到,餐厅里一片寂静。他见时机已到,便开口说明为什么要玩这个游戏。他是想请大家记住:参加宴会的人要有素养,要顾及他人的感受,在谈论的时候最好一个一个来,而其余人都要全神贯注地倾听。

人们愉快地接受了马克·吐温的建议,晚上的其余的时间里,大家都过得很开心。而马克·吐温也很得意:

"我一生中从来没有任何时候比这次更高兴了。这主要是因为我伟大的举动,我能够维持秩序,控制环境……"

罗斯福决定制造原子弹
——以史为鉴法

　　以史为鉴,于人可以知得失,以古为鉴,于国可以知兴替,小到立身,大到治国,历史都是一面镜子。因此,在辩说中引用历史的经验和教训作为论据,极富说服力。

1937年10月11日,罗斯福总统的私人顾问亚历山大·萨克斯受爱因斯坦等科学家的委托,在白宫同罗斯福进行了一次会谈。会谈的主要目的是,要求总统重视原子能的研究,抢在德国之前造出原子弹。

　　萨克斯先向罗斯福面呈了爱因斯坦的长信,接着读了科学家们关于发现核裂变的备忘录,然而,总统对这些枯燥、深奥的科学论述不感兴趣。虽然萨克斯竭尽全力地劝说总统,但罗斯福在最后还是说了一句:

　　"这些都很有趣,不过政府若在现阶段干预此事,似乎还为时过早。"

　　这一次的交谈,萨克斯失败了。

　　第二天,罗斯福邀请萨克斯共进早餐。萨克斯十分珍惜这个机会,决定再尝试一次。

一见面,萨克斯尚未开口,罗斯福便以守为攻地说:"今天我们吃饭,不许再谈爱因斯坦的信,一句也不许谈,明白吗?"

萨克斯望着总统含笑的面容说:"行,不过我想谈一点历史。"因为他知道,总统虽不懂得物理,但对历史却十分精通。

"英法战争期间,"萨克斯接着说,"在欧洲大陆一往无前的拿破仑,在海战中却不顺利。这时,一位年轻的美国发明家罗伯特·富尔顿来到这位伟人面前,建议把法国战舰上的桅杆砍断,装上蒸汽机,把木板换成钢板,并保证这样便可所向无敌,很快拿下英伦三岛。但是,拿破仑却想,船没有帆就不能航行,木板船换成钢板船就会沉没。他认为富尔顿是个疯子,把他赶了出去。历史学家在评价这段历史时认为,如果拿破仑采取富尔顿的建议,19 世纪的历史将会重写。"

萨克斯讲完后,目光深沉地注视着总统。他发现总统已陷入了沉思。

过了一会,罗斯福平静地对萨克斯说:"你胜利了!"萨克斯激动得热泪盈眶,他明白胜利一定会属于盟军。

萨克斯借历史故事智劝总统大功告成。

唐朝的尉迟敬德依仗自己是开国重臣,骄狂放纵、盛气凌人,招致同僚的极为不满,甚至有人告他谋反。

李世民知道后,问尉迟敬德是否当真,敬德回答:

"臣跟随陛下讨伐四方,身经百战。如今幸存者,只有那些刀箭底下逃出来的人。天下已经平定,反而怀疑起臣下会谋反吗?"

说着把衣服脱下扔在地上,露出身上的累累伤痕。李世民感动至极,只得以好言好语安慰一番。但是,敬德的骄纵狂妄却

罗斯福决定制造原子弹

一点也未有所收敛。

一天,尉迟敬德在太宗举行的宴会上与人争论谁是长者,一时火起,居然打了任城王李道宗,弄瞎了李道宗的一只眼睛。皇上见他如此放肆,十分不悦。

事后,李世民单独召见了尉迟敬德,语气严厉地告诫他。

"朕的确想和你们同享富贵,然而你却居功自傲,多次冒犯别人。你难道不知道古时韩信为何被杀吗?在朕看来,那并不是高祖的罪过!"

尉迟敬德这才害怕了,以后做事便虚心、本分了许多。

引用史实可以充分发挥历史事实、典故无可辩驳的说服力,生动形象而且引人入胜,有助于人们从中得出结论。

值得注意的是,所用事例要避开那些已被广泛应用的材料,那样会让人觉得平淡无味,丧失兴趣,当然也达不到预期的效果。

丘吉尔一丝不挂对总统

——自我解嘲法

　　自嘲实质上是一种积极化解尴尬的方法。恰如其分的解嘲会拉近彼此间的距离。

　　说话，是最容易的事，也是最难的事。容易，是因为每个人都会说话，即便是个 3 岁的小孩也能伶牙俐齿，但是要做到擅长辞令、避免尴尬可不是件容易的事情。

　　1915 年，丘吉尔还是英国的海军大臣。不知他是心血来潮，还是什么原因，突然要学开飞机。于是，他命令海军航空兵的那些特级飞行员教他开飞机，军官们只好遵命。

　　丘吉尔还真有股韧劲，刻苦用功，拼命学习，把全部的业余时间都搭上了，负责训练他的军官都快累坏了。丘吉尔虽称得上是杰出的政治家，但操纵战斗机跟政治是没什么必然联系的。也可能是隔行如隔山吧，总之，丘吉尔虽然刻苦用功，但就是对那么多的仪表搞不明白。

　　有一次，在飞行途中，天气突然变坏，一段 16 英里的航程竟然花了 3 个小时才抵达目的地。

　　着陆后，丘吉尔刚从机舱里跳出来，那架飞机竟然再次腾空，一头撞到海里去了。旁边的军官们都吓得怔在那里，一动不动。

原来，匆忙之中的丘吉尔忘了操作规程，在慌乱之中又把引擎发动起来了，望着眼前这一切，丘吉尔也不知所措，好在他并没有惊慌，装作茫然不知似的，自嘲道：

"怎么搞的，这架飞机这么不够意思。刚刚离开我，就又急着去和大海约会了。"

一句话，缓解了紧张的气氛，也让丘吉尔摆脱了尴尬。

在有些尴尬的场合，运用自嘲能使自尊心通过自我排解的方式受到保护。而且还能体现出说话者宽广大度的胸怀。

丘吉尔有个习惯，一天之中无论什么时候只要一停止工作，他就爬进热气腾腾的浴缸中去泡一泡，然后就光着身子在浴室里来回地踱步，一边思考问题，一边让身体放松放松，有时甚至会入迷。

有一次，丘吉尔率领英国代表团到美国去进行国事访问，他们受到热情款待。为了方便两国领导人的交流、沟通，组织者专门让丘吉尔住在白宫，与美国总统罗斯福离得很近。

一天，丘吉尔又像往常一样泡在浴缸里，尔后光着身子在浴室里踱步。当时，世界反法西斯战争进行得如火如荼。丘吉尔在思考着战场上的形势，以及如何同美国联手对付德国法西斯。想着，想着，他已经忘了自己在什么地方，而且还是光着身子。

碰巧，这时罗斯福有事来找丘吉尔，发现屋里没人。罗斯福刚欲转身离去，听见浴室里有水响，便走过来敲浴室的门。

丘吉尔正在聚精会神地考虑问题，听见有人敲门，本能地说了一句：

"进来吧，进来吧。"

门打开了，美国总统罗斯福出现在门口。罗斯福看到丘吉尔一丝不挂,十分的尴尬,进也不是,退也不是,索性一言不发地站在门口。

此时,丘吉尔也清醒了。他看了看自己,又看了看罗斯福,急中生智地说道:

"进来吧!总统先生。大不列颠的首相是没有什么东西需要对美国的总统隐瞒的!"

说罢,这两位世界知名人物都不约而同地哈哈大笑。

爱因斯坦是举世闻名的科学家,但他从不注重自己的着装。

一次,爱因斯坦第一次来到纽约。不料,在大街上还真遇到了一位老朋友。这位朋友见爱因斯坦衣服破旧,便说:

"你看你的大衣,又破又旧,换件新的吧。怎么说你也是知名人物呀!"

爱因斯坦笑了笑:

"没关系,没关系。我刚来到纽约,这儿没有人认识我。"

几年后,爱因斯坦和他的相对论都已名声大振。巧的是,爱因斯坦又和他的那位朋友在街上相遇了,更巧的是,爱因斯坦还是穿着那件"又脏又破"的大衣。这一次,爱因斯坦不等朋友开口,便解嘲道:

"这次更不用买新大衣了,全纽约的人都已经认识我了。"

尴尬场合,运用自嘲可以平添许多风采。当然,自嘲要避免采取玩世不恭的态度。具有积极因素的自嘲包含着自嘲者强烈的自尊、自爱。自嘲实质上是当事人采取的一种貌似消极,实为积极的促使交谈向好的方向转化的手段而已。

此外,运用自嘲还要审时度势,相机而用,比如对话答辩、座谈讨论、调查访问等,就不宜使用。

刘绍棠巧释文学的真实

——把握时机法

关键时刻加以诱导，即使不利的局面也会有所转机。时机稍纵即逝，一旦发现便要紧抓不放。

著名的日籍华人夏目志郎年轻时曾当过推销员。一次，他到埼玉县去推销《儿童英语百科辞典》。当时埼玉县经济不很发达，在全日本排名靠后，再加上道路崎岖，所以很少有推销员愿往那里跑。

但夏目志郎却不这样认为，他想越是落后的地方，越是需要提高教育水平，这种书的需求量就越大。于是，他就背上书，挨门挨户地去推销。

来到一户农家，夏目志郎敲开门，说明来意。哪知主人面无表情地说道："你走错地方了，我们农夫没有必要学英语，你找其他人吧。"

夏目志郎连忙解释道：

"先生，这书不是给您用的，是给孩子们用的。"

"孩子们？那就更不用了，他们能把日语学好就不错了。"主人还是冷冰冰的口气。

夏目志郎并未放弃，仍然耐心解释道：

"现在的日本和过去不同了,如今使用英语的地方越来越多,日本也越来越国际化了,呆在家里当然不需要英语。可是,你愿意让你的孩子一辈子呆在家里,不愿让他出去闯一闯,见见世面吗？您不觉得您这样做是对下一代不负责任吗?"

说到这儿,主人刚才冷冰冰的神情已经消失了,他若有所思地说:

"这英语好学吗?"

夏目志郎觉得有希望,问道:

"府上养狗,您和家人是否怕狗?"

"那当然不怕。"

"对呀,因为惯于养狗,所以不怕狗。学英语也一样,从小养成习惯,这对学英语是非常重要的,在自己身边有好的英语教材,小孩子一定会亲近它,不知不觉中就会对英语产生兴趣,不是很好吗?"

问　　题

　　一天深夜,值勤的警官接到一个报警电话。打电话的人自称在第13街区,他从夜总会出来后,发觉自己车里的方向盘、刹车、加速器等都让小偷给卸走了。警官表示立刻前往出事地点。就在他开动巡逻车准备出发之际,电话铃又响了起来,警官只好下车再拿起电话筒。打电话的仍是刚才那位报警的人,他说:"实在对不起,先生,您用不着来了。我喝多了,刚才一阵冷风吹来,我才发现自己原来是坐在车内的第二排座位上。"在生活中,当我们发现一件事情没有按照通常的逻辑发展,往往不是事情本身出了问题,而是人出了问题。

一番话过后,主人终于爽快地买下了夏目志郎手中的《儿童英语百科辞典》。

一次,著名作家刘绍棠在给大学生们讲文学创作时,提到创作的基本要求是一定要坚持原则。

这时,一名女生从座位上站了起来,说:

"老师,我有问题要问。"

刘绍棠回答:"什么问题,请讲。"

那名女生问:"真实的是不是存在的?"

"真实的当然是存在的,这是哲学上的基本常识嘛。"

"既然是存在的,就应该是可以表现的,所以只要是真实的就可以表现,就可以写,这难道不是作家所追求的吗?"

刘绍棠听后,没有直接回答,而是对那名女生说:

"我想请你走到前面来,记得带你的学生证。"

那名女生走到讲台前,将学生证递给了刘绍棠。

刘绍棠翻开学生证,指着上面的照片问女生:

"你为什么不在你脸上长痘时拍个照,然后把照片贴在学生证上呢?"

那位女生不解地问道:"为什么?谁会在自己脸上长痘时拍照片,还把它贴在学生证上,那多难看。"

刘绍棠趁机说道:

"对呀,你不会在脸上有痘时拍照,更不会把这种照片贴在学生证上,这说明你对自己的认识是本质的。因为你是漂亮的,不漂亮只是暂时的,它不是你最真实的面目,所以你不想照相留念,更不想有这样的照片贴在学生证上。同样,我们社会的某些缺点是要批评的,但有些事情是有其特殊原因的,我们的政府自然会去采取措施改正。可是你非要把它揭露出来，这岂不是要政府把长痘时拍的照片贴在工作证上吗？为什么你对自己是那样公正，对政府却是这样的不公正呢？”

一席话让那位女生心悦诚服地点了点头。

在上面的故事中，当夏目志郎指出那家主人对下一代不负责任时，主人的态度已有所转变，反问“英语好学吗”，这就是一个关键时机，夏目志郎就是抓住这一时机，顺势诱导，最终成功地把自己的书推销了出去。同样，刘绍棠也是巧妙地打了比喻，让女生自己说把脸上长有痘的照片贴在学生证上十分难看，趁机将话题转移到“到底文学创作该不该坚持原则”，最终让女生心服口服。

所以，在劝说他人时，要密切注意对方表情、语气的变化，发现他有所表示时，一定要抓住时机，乘胜追击，直至将他说服。

安徒生针锋相对反击对手
——如法炮制法

如法炮制看似缺乏创意，实则犀利无比。以其人之道还治其人之身，便是哑巴吃黄连的味道——有苦说不出。

安徒生虽然是大名鼎鼎的作家，但生活却极为俭朴，尤其对自己的衣着从不刻意修饰，但这却给妒忌他才华的人以可乘之机,有些人就抓住安徒生的这一细节挖苦、讽刺他。

一天,安徒生像往常一样戴着他那顶破帽子在大街上行走。

这时,有个人走过来不怀好意地问安徒生:

"安徒生先生,你脑袋上的那个玩意是什么东西? 能算是帽子吗?"

安徒生认出了那个人,是一个贵族,平常总爱跟自己作对,经常挖苦自己。安徒生有心狠狠地教训他一顿,但这是在街上,那样做有失自己的身份。于是,安徒生忍住怒火,淡淡地一笑。

"先生,在我回答你之前,你可以先回答我一个问题吗?"

贵族不知道安徒生用意何在,但也很爽快地说:"当然可以。"

安徒生接着说:"你能告诉我,你帽子下边的那个玩意儿是什么? 能算是脑袋吗?"

贵族:……

爱尔兰戏剧大师萧伯纳曾于1933年2月来我国访问,第一站在上海,当时,鲁迅、蔡元培等人在宋庆龄的家中同他欢聚。

吃完饭,大家便到花园里散步。那天天气格外晴朗明媚,柔和的阳光照在萧伯纳长长的银须上,使得这位著名作家容光焕发,神采奕奕。这时,蔡元培高兴地说:"萧翁,你可真有福气,在上海看见了太阳。"

萧伯纳笑了笑说:"不,不,还是太阳有福气,在上海见到了萧伯纳。"

一句话惹得大家哈哈大笑。

无独有偶,幽默大师萧伯纳的"如法炮制"在俄罗斯却失灵了。

那是萧伯纳去苏联访问期间,有一天他独自一人上街散步。

在街上他看到了一个俄罗斯小女孩长得十分可爱，大眼睛，高鼻梁，一头黄色的卷发，极富东方民族特性。萧翁一时童心大发，竟然同她玩了一下午。

临别时，萧伯纳对小姑娘说："回去告诉你妈妈，就说今天同你玩的就是世界上大名鼎鼎的萧伯纳。"

小姑娘天真地回答说：

"那你回去后也告诉你妈妈，就说今天同你玩的是苏联小姑娘玛莎。"

戏剧大师一时竟哑口无言。

1982年秋天，我国著名作家蒋子龙到美国洛杉矶参加一次中美作家会议。

在宴会上，美国诗人艾伦·金斯伯格给蒋子龙讲了个趣味问答：把一只五公斤重的鸡装进一个只能装一斤水的瓶子里，您用什么办法把它拿出来？

蒋子龙略加思索，答道：

"这很简单，你怎么放进去的，我就怎么拿出来。您显然是仅凭嘴一说就把鸡装进了瓶子，那么我就用语言这个工具再把鸡取出来。"

金斯伯格说："您真了不起，您是第一个正确回答我这个问题的人。"

美国有家服装公司，为了招揽生意，便想请个名人为他们做广告。后来，他们选中了当时在美国声名大振的海明威。

这家公司给海明威写了一封信，并送去一条领带，在信的最后是这么写的：

我亲爱的海明威先生，这是我公司出品的领带，深受顾客欢迎,现奉上样品一条,请你试用,并望寄回成本费两美元。

过了几天,公司收到了海明威的回信,还有海明威出版的小说一本,信中写道:

我的小说深受读者欢迎,现附奉一册,请你们一读。此书价值两美元八美分,也盼寄回倒欠我的八美分。

看完信,这家公司的负责人哭笑不得。

生活中,在某些场合,有些人为了让你当众出丑而嘲笑、讥讽你,也有些人是无意的但却让你下不了台,对待这些人,无论他是有意的还是无意的,你大可不必与他斤斤计较,依法炮制,照猫画虎不但能变守势为攻势,还能给对手以有力的一击。

如果能在生活中巧妙地运用"如法炮制法",会有出人意料的效果。不信,请看下面的这个小故事:

在火车站的候车室里,人潮如涌,人们都在焦急地等待着。在人群中,有一位漂亮的少妇特别引人注目。

此时,一个不怀好意的中年男子走上前来跟少妇搭话。他见少妇穿的是一双肉色的丝袜,便嬉皮笑脸地问道:

"哎,你这双丝袜是从哪里买的? 我想给我妻子也买一双。"

那少妇冷冷地看了他一眼,说:"我劝你最好别去买,穿着这种袜子,那些不三不四的男人就会找借口跟你妻子搭腔。"

把握脉络循序渐进

——层层剥笋法

　　生活中,在某些场合,你不妨运用此方法,循序渐进,把握脉络,把道理说透,不由得对方不服。

　　齐诺芬的《纪念录》中,有一段关于苏格拉底和欧西德的对话。

　　欧西德:我生平所做之事,有无"不正"的?

　　苏格拉底:那么,你能举例说明什么是"正",什么是"不正"吗?

　　欧西德:能。

　　苏格拉底:虚伪是正还是不正?

　　欧西德:不正。

　　苏格拉底:偷盗呢?

　　欧西德:不正。

　　苏格拉底:侮辱他人呢?

　　欧西德:不正。

　　苏格拉底:偷窃敌人而侮辱敌人,是正还是不正?

　　欧西德:正。

　　苏格拉底:你方才说侮辱他人和偷窃都是不正,现在又何言正呢？

欧西德：不正只可对敌不可对友。

苏格拉底：假如有一将军见其军队士气颓废，不能作战，他便欺骗他们，说'救兵将至，勇往直前吧！'因此，他的军队大获全胜，这是正还是不正？

欧西德：正。

苏格拉底：小孩生病，不肯吃药，父亲骗他说"药味很甜"。孩子吃了，救了性命，这是正还是不正？

欧西德：正。

苏格拉底：你说不正只可对敌，不可对友，何以现在又可以对友呢？

欧西德：……

在这里，苏格拉底便是运用层层剥笋的办法，一步步指出欧西德逻辑上的错误，最终使他无言以对，不得不佩服苏格拉底。

1921年，美国西方石油公司董事长兼总经理哈默听说苏联实行了新经济政策，鼓励吸收外资，就想把自己公司的业务范围扩展到苏联这个庞大的国外市场。他想，目前苏联最需要的是消灭饥荒，得到大量的粮食，而此时美国正值粮食大丰收之际，一美元可买到35.24斤大米。农民宁肯把粮食烧掉，也不愿以这样的低价送往市场出售。而苏联盛产毛皮、白金、绿宝石，这些正是美国市场急需的，如果能交换双方的产品，岂不是要大赚一把？哈默打定主意，便来到了苏联。

哈默到达莫斯科的第二天早晨，就被召到列宁的办公室，列宁和他作了亲切的交谈。粮食问题谈完以后，列宁对哈默说：

"先生，不知你对在苏联投资、经营企业有无兴趣？"

哈默听了,默不作声,面无表情。

因为,当时西方对苏联实行的新经济政策抱有很深的偏见,作了许多恶意宣传,使许多人把苏联看成可怕的怪物。到苏联经商或投资办企业,被人称作"到月球探险"。常言道:众口铄金,积毁销骨。哈默虽做了勇敢的探险者,同苏联做了一笔粮食交易,但对在苏联投资办企业一事,还是心存顾虑。

列宁看透了哈默的心事。于是,他讲了实行新经济政策的目的。

"我们实行新的政策,目的是为了发展我们的经济潜能。我们欢迎所有的朋友到这里投资,并给予优惠,我以官方的名义担保你们不会受到任何人为的损害。"

哈默还是不语。

列宁看出他还是心存疑虑,便接着开展心理攻势:

"你放心,我们的政府不仅不会给你增添任何麻烦,还会向你提供任何帮助。"

列宁看到哈默的眼神中还流露出不放心的意思,就索性把话说的一清二楚:

"我们都明白,我们必须确定一些条件,保证我们有利可图,商人不是慈善家,除非觉得可以赚钱,不然只有傻瓜才会在苏联投资,你说对吧,哈默先生?"

就这样,列宁终于说服了哈默,不久之后,哈默成了第一个在苏联经营企业的美国人。

列宁对哈默的不解和疑惑,像剥竹笋一样逐层加以分析、解释,循序渐进,说理透彻,使得哈默解除疑虑,最终在苏联投资。

运用层层剥笋法时,要注意几个问题。

把握脉络循序渐进

首先,你要明白"剥笋"的最终目的是什么,而后在"剥"的过程中紧紧围绕这一目的,也就是说,你每一步都是为最后的目的服务的,不涉及最终目的或者与最终目的仅仅是有些牵连的问题最好不要涉及。

其次,在"剥"的过程中要有层次,即要循序渐进。前一步是为下一步服务的,中间不能有脱节,否则就给人一种牵强附会、强拉硬扯的感觉。

总之,层层剥笋法的运用要靠你在实践中慢慢去领悟,只有不断实践,才能熟练地运用,才能达到目的。

纪晓岚智释"老头子"
——将错就错法

将错就错,关键在于"就错"之后能自圆其说。以错带错,另辟蹊径,能够展现出博学多才的光彩。

清代才子纪晓岚才华横溢,深得乾隆皇帝喜爱。纪晓岚也在乾隆面前无所顾忌,经常口出"狂言"。

有一次,乾隆皇帝带着几个随从突然来到军机处。此时的纪晓岚正光着膀子和军机处的几个办事人员闲聊。其他人老远就看见皇上来了,连忙起身上前接驾。这纪晓岚是高度近视,刚开始没看见走在最后面的乾隆,等他明白怎么回事的时候,乾隆就快到了。纪晓岚心中暗想:如果就这样光着膀子接驾,岂不是冒犯龙颜? 干脆一不做二不休,纪晓岚趁着别人不注意钻到桌子底下躲了起来。

这一切,早被乾隆看了个真真切切,他心中一阵好笑,有心想"整整"纪晓岚。

乾隆在椅子上坐定,示意其他人都不许出声,很长时间过去了,纪晓岚在桌子底下早待不住了,正好是大夏天,加上厚厚的桌布,把他给热得大汗淋漓。纪晓岚心中纳闷:怎么进来之后就没动静了? 这么长时间了,早该走了,该不是已经走了吧,想到这里纪晓岚压低了嗓门,喊道:"喂,有人吗? 老头子走了吗?"

满屋子的人都听到了,大家忍不住都想乐,一听纪晓岚喊"老头子",心想这一下子可有好戏看了。

乾隆也听的真真切切,板起脸,厉声喝道:

"纪晓岚,出来吧。"

纪晓岚一听是乾隆的声音,心想:完了,完了,这回可完了,只好无可奈何地从桌子下钻出来见驾。

乾隆一看纪晓岚光着膀子,满身大汗,惊慌失措的样子,心里一阵好笑:纪晓岚人称大清第一才子,居然这般模样。乾隆故意装作生气的样子,大声喝道:

"大胆的纪晓岚,你不见驾也就罢了,居然还敢说朕是'老头子',你什么意思? 今天你要讲不清楚,朕要了你的脑袋!"

到了这种境地,纪晓岚反倒镇静了许多,一边擦汗,一边苦思对策。忽然他灵机一动,有了主意,不紧不慢地说道:

"万岁爷请息怒,刚才奴才称您为'老头子',只是出于对您老人家的尊敬,别无他意。"

乾隆一听更来气了：

"尊敬？好，你给朕说说怎么个尊敬法。"

"先说这'老'字，天下臣民每天皆呼皇上万岁，万岁，万万岁，您说这万岁、万万岁算不算'老'啊？"

乾隆没作声，只是点点头。

"再说这'头'字，家有千口，主事一人，如今皇上便是我大清国的主事之人，是天下万民之首，'首'者'头'也。故此称您为'头'。"

乾隆边听边眯着眼睛笑，很是满意。

"至于这'子'嘛，意义更为明显。皇上您贵为天子，乃紫微星下凡。紫微星，天之子也，因此称您为'子'。这便是我称您老人家为'老头子'的原因。"

乾隆听完抚掌大笑：

"好一个'老头子'，纪晓岚你果然是个才子。"

交际场合中，人们难免会有失言或者出丑的时候，谁也不想说错话、办错事，但这些又是不可避免的，人非圣贤，孰能无过？这时，该怎么办呢？

从纪晓岚身上你应该会有所启发，那就是不要就事论事，顺着一条思路走到底。要调整思维，换个角度，另辟蹊径，不但可以替自己打圆场，还能为你的言行平添几分雅趣。这就要靠你的应变能力了，而这种能力又是靠平时培养出来的。因此，要学会多角度分析问题，举一反三，旁征博引，能够自己证明自己的观点，自圆其说，那时，将错就错也就不为错了。

叶剑英巧借钢盔比警卫

——设喻类比法

以喻说理，浅显易懂，感人至深。喻要恰当，方能
说理精辟。设喻类比要能旁征博引，举一反三。

譬喻，可谓说辩艺术之精华。所谓譬喻，是用具体的、浅显
的、熟知的事物去说明或描绘抽象的、深奥的、生疏的事物的一
种手法。论辩中，取喻明显，把精辟的论述与摹形拟象的描绘糅
合为一体，既能给人以哲理上的启迪，又能给人以艺术上的
美感。

抗日战争期间，中央警卫团划归军委，由叶剑英同志分管。

当时警卫团的多数同志是从战斗部队抽调的老同志，他们
都希望到前方去，不愿在后方。甚至有许多战士为此闹情绪，觉
得不能上前线杀敌，"窝"在后方不算真正的八路军战士。

叶剑英了解到这一情况后，就在离枣园三四里路的警卫团
驻地——侯家沟召开了一次全团大会。

在讲话中，叶剑英谈到大家都想到前方去，不安心工作时，
提高了嗓门，大声说道：

"中央警卫团应该改名，不叫警卫团，叫'钢盔团'。"

大家一听，全都懵了，怎么叫这么难听的名字？

叶剑英解释道:"钢盔是干什么的?""当然是保护脑袋的!"战士们异口同声地回答道。

"对!钢盔是保护脑袋的,中央警卫团是保护全党的脑袋——党中央的,所以应该叫它'钢盔团',你们说对不对?"

大家都笑了,一齐回答:"对!"

"人没有脑袋行不行呀?"

"不行!"

"你们都是英雄好汉,到前方去可以杀千百个鬼子,但是没有党中央来领导抗战,能不能把鬼子打出去?"

"不能!"

于是,叶剑英大声宣布:

"以后,谁再不安心警卫团工作,叫他来找我,我们来谈这个道理。"

战士们听完叶帅的这番讲话后,思想豁然开朗,会后再没有人闹着要求离开中央警卫团了。

春秋时,孔子的弟子宓子贱奉命去治理鲁国的县城亶父。宓子贱担心鲁国君主听信谗人的坏话,使自己不能实现自己的主张,便在告辞上任的时候,请求带上鲁君身边的两个官吏跟自己一起去。

到了亶父,当地官吏都来拜见。宓子贱让那两个官吏作书记。但他们刚一动笔,宓子贱就从旁边拽他们的胳膊肘。待他们记完,字迹非常潦草。宓子贱又为此而大发脾气。这两个官吏,对宓子贱的这种做法大为恼火,就告辞请求回去。

两个官吏回去以后,向鲁国君主禀报说:

"我们不能给宓子贱这个人当书记。"

鲁君说:"为什么?"

官吏回答:"宓子贱让我们做记录,却又不时地拽我们的胳膊肘,让我们写不好。然后,他就冲我们发脾气。亶父的地方官都拿这个取笑我们俩。"

鲁君长叹说:

"其实,宓子贱是在用这种方式对我进行劝谏啊。我让你们俩跟随他一同前往,就扰乱了宓子贱,使他不能实行自己的主张,这样的事一定多次发生过了。假如没有你们出的笑话,我几乎要犯错误了。"

于是,鲁君派人去亶父告诉宓子贱:

"从今以后,亶父不归我所有,归你所有。凡是对亶父有利的事情,由你自己决定去做吧,五年以后,向我报告你的政绩。"

于是,宓子贱开始在亶父实行自己的主张,把当地治理得很好。

期　许

　　有这样一种有趣的比喻:用"下围棋"形容一些人的做事方式,用"打桥牌"形容一些人的风格,用"打麻将"形容一些人的作风。"下围棋"方式是从全局出发,为了整体的利益和最终胜利可以牺牲局部的某些棋子;"打桥牌"则是与对方紧密合作,针对另外两家组成的联盟激烈竞争;"打麻将"则是孤军作战,"看住下家,防住上家,自己和不了,也不让别人和"。有趣的比喻的确令人深思。在生活的游戏中,你是选择"下围棋""打桥牌",还是选择"打麻将"呢?

春秋时，楚王任用昭奚恤做国相，只跟他商量国家大事，很少再与其他大臣议事。昭奚恤为巩固自己在楚王身边的地位，也经常阻止别人来见楚王。江乙几次来见楚王，都被昭奚恤拒之门外。

有一天，江乙终于见到了楚王。江乙对楚王说："有个宠爱自己狗的人，他的狗向井里撒尿，邻居看见了，想去告诉主人，却被狗堵住门咬，不让进去。"

"现在昭奚恤常常阻挠我来见您，就像恶狗堵门一样。您对专说好话的人就亲近；对爱指出缺点的人就疏远。人世间有儿子杀父亲，臣下杀君主的恶人，被杀的人却始终不知道。原因就在于他们爱听别人对自己的称颂，不爱听别人对自己的指责啊！"

楚王听后恍然大悟。

类比喻理之所以能够有较强的说服力，在于"类"是启发人的"思路导体"，通过它人们可以对原本抽象的东西有一个感性、直观的认识。类比可开阔视野，说理能启发心智。

运用这一说服技巧，必须是两类事物具备同类属性，其"理"也必须是相通的，这样的类比才能启发人，说服人。

黄兴智脱虎口

——刚柔相济法

刚柔相济有别于死缠烂打。以硬制硬,然后再以软抚人,效果自然极佳。

革命家黄兴,一生为了革命辛苦奔波,历经无数次风险,但每次在危难之中都能化险为夷,虎口脱险。这其中,当然有革命群众的舍生相救,但更多的是黄兴凭借自己的智慧,得以安然脱险。

一次,黄兴回到湖南长沙发动群众起义。不料,就在起义前夕,消息泄露,湖南巡抚率兵镇压。由于黄兴是首要分子,巡抚下令,全城戒严,务必将其捉拿,胆敢藏匿者与黄兴同罪。

一场全城大搜捕的行动开始了,黄兴无处藏身,形势万分危急。猛然,黄兴看见一间出租花轿仪仗的商店,他灵机一动,知道自己这次又可平安脱险了。

他直接来到这家商店,指名要见店主,小二不敢怠慢,连忙引见。一见面,黄兴直接表明身份,说明来意,请店主帮自己一把。黄兴原本想说出自己是革命者,应该会得到群众的热心帮助。

哪知,这位店主生就胆小怕事。一听说是黄兴,吓得不住哆嗦,不仅拒绝了黄兴,还一个劲地催促他赶快离开,以免惹火上身。

黄兴一看不行，便换了一种严厉的口气，大喝一声：

"今天巡抚下令全城戒严抓捕我，抓不到我，他们不会罢休，你可知隐匿者与我同罪，现在我就呆在这儿不走了，等他们找到我，我就说你是同党。"

掌柜一听，吓得要给黄兴下跪，不住求饶。

黄兴接着说：

刚　柔

有一位老前辈，在临终之际仍不忘向学生传授人生的道理。他把学生叫来，问道："你看我的牙齿，怎样？"学生答道："没有了，都掉光了。"前辈于是又伸出自己的舌头，问道："那么，我的舌头呢？""还在。"学生答完，心领神会，立即叩谢前辈。原来，前辈是在用他的毕生体验告诉学生：柔韧的东西永远比坚硬的东西生命力更强。

"为今之计只有一个。你用花轿抬着我，配上仪仗和鼓手，送我出城，只要出了城，我立刻就走，你也就不用担心了。而且，我加倍付工钱。"

店主一听，也只好这么做了，乖乖照办：就这样黄兴又一次化险为夷。

刚柔相济不但在战场上管用，在其他场合同样适用。

1963年，因父亲遗产问题，曾宪梓远在泰国的哥哥曾宪概多次催促曾宪梓前往泰国。曾宪梓的叔父们以为他们哥俩要联手对付他们，以霸占家产，因此对曾宪梓的到来表现出极不友好的态度。

一天早上，三个笑容可掬的长辈来到了曾宪概的小店铺里，执意要请曾宪梓去"喝喝茶、吃吃饭"。曾宪梓客气了一番后随他们来到了叔父曾桃发的公司里。

待所有的人就位之后，叔父一改往日温和亲切之相，对曾宪梓大加指责：

"你看你，像什么话，一点道理也不懂。来泰国这么久了，也不来拜见叔父、叔母，你这算什么？真没规矩！"

其实，曾宪梓来泰国的当天便已经拜见了叔父叔母。因此，叔父的当面训斥让曾宪梓一头雾水，摸不着头脑。叔父见曾宪梓无言以对，以为他自知理亏，便毫不留情地把他骂了个"狗血喷头"。

原本自尊心极强且血气方刚的曾宪梓终于忍耐不住了，他也大发雷霆："你们简直是太不像话了！我本来应该尊重你们，因为你们是叔公，但是从你们的话里，从你们玩弄的这些骗人的把戏里，你们就再也不配得到我的尊重。"

"我这个人，对于讲道理的人从来都是尊重的，即便是一个小孩子，只要他明白事理，我也会尊重他。但你们这些老前辈，一点道理都不讲，嫌贫爱富，你们这样做，只会令我更加瞧不起你们，我也有理由不尊重你们！"

曾宪梓一番义正辞严的直言相向，令原本气势汹汹的叔公们顿时气势萎缩，不敢出声。但是，毕竟是一家人，真要闹翻了，对谁也没有好处，反倒让外人取笑。想到这，曾宪梓见好就收，不失时机地给叔父们一个台阶下：

"叔父凭着自己的劳动，凭着自己的智慧，才能一点一滴地建立像今天这样的事业。我从心里感到佩服,你们现在大可不必为了这些财产而绞尽脑汁,你们是我的长辈,有话尽管跟我说,随便让谁叫我来就可以了。"

一席话,说得那些长辈们面面相觑,只得喃喃自语:"好侄子,好侄子。"

很多人都有欺软怕硬的心态,对待这些人就要多用智慧。一味地退让无异于纵人欺侮,而一味地针锋相对又会招致对立,最佳策略便是以硬对硬,先压制住对方,然后再软语慰人,予人面子。就像曾宪梓那样,先厉声指责叔父们的所作所为毫无道理,再缓和语气,给他们留一个台阶,毕竟是一家人,闹翻了对谁都不好看。

尼克松的"棋盘演说"

——巧拉家常法

拉家常是一种高明的攻心术,也是彼此心灵上最好的润滑剂。它使对方在情感上与你产生强烈的共鸣,不知不觉成为你的俘虏,从陌生到熟悉,从对立到调和。

1952年,尼克松参加了艾森豪威尔总统的竞选班子。就在这时,有人揭发:加利福尼亚的某些富商以私人捐款的方式暗中资助尼克松，而尼克松将那笔钱做为参议员所得收入。

尼克松据理反驳，说那笔钱是用来支付政治活动开支的，绝没有据为己有。但是，艾森豪威尔坚决要求他的竞选伙伴必须"像猎狗的牙齿一样清白"。他准备把尼克松从候选人名单中除去。

这样，那一年10月的一天晚上，10点30分，全国所有的电视台、电台将各自的镜头、话筒对准了尼克松——他不得不通过电视讲话解释这些捐款的来龙去脉，为自己的清白而作辩护。

尼克松在讲话中并不单刀直入地为自己辩解，以清洗丑闻给他蒙上的灰尘，而是多次提到他的出身如何低微，如何凭借自己的一股勇气、自我克制和勤奋工作才得以逐步上升的。这合乎美国那种竞争面前人人平等的国情，博取了观众和听众的同情。

说着说着，他话题一转，似乎是顺便提起了一件有趣的往事，他说道：

"我在被提名为候选人后，的确有人给我送来一件礼物。那是在我们一家人动身去参加竞选活动的那一天，有人说寄给了我家一个包裹。我前去领取，你们猜会是什么东西？"

尼克松故意打住，以提高听众的兴趣。

"打开包裹一看，是一个条箱，里面装着一条西班牙长耳朵小狗儿，全身有黑白相间的斑点，十分可爱。我那六岁的女儿特莉西亚喜欢极了，就给它起了一个名字，叫'棋盘'。大家都知道，小孩子们都是喜欢狗的。所以，不管人家怎么说，我打算把狗留下来……"

这就是历史上有名的尼克松的"棋盘演说"。

事后，美国的一份娱乐杂志马上把这篇"棋盘演说"嘲讽为花言巧语的产物。好莱坞制片人达里尔·扎纳克则说："这是我从未见过的最为惊人的表演。"

尼克松当时还以为自己失败了，为此还流过不少眼泪。可最后事态的发展完全出乎大家的意料，成千上万封赞扬他的电报涌进了共和党全国总部，他因为表现出色而最终被留在了候选人的名单上。

日本前首相田中角荣也非常擅长巧拉家常术。

1971 年 3 月 14 日，田中角荣在日本电视台对全国观众说：

"前些时候，我那 80 岁的老母亲还对我说'小鬼，再努力地奋斗下去！像你这么小小的成就还早得很呢，可不要妄自尊大哦！'"

田中角荣的这番话可解释为：一直到现在，我在事业上有了成就，但仍忘不了过去被母亲批评时母亲那谆谆的教诲，另一方面，母亲的音容笑貌和对她的缅怀一刻也没有离开过自己的脑海。

田中在另一次讲话时又说：

"我离家的时候，母亲送给我一卷纸币和松叶，我便把它们当成自己的护身符，片刻也不离身。因为万一求取功名的梦幻破灭而黯然返乡时，仍然可以重返到母亲温暖的怀抱中去。因为，我思念故乡，家里的老母亲正在盼望自己的孩儿回家。"

田中角荣这种拉家常式的怀念老母亲的扮相，在有些人的眼里或许被视为故作感情脆弱，而且十分肉麻。但是，无可争辩的是，正是他的这种"扮相"感动了民众。日本绝大多数民众将田中角荣看作是一个"充满人情味、禀性善良的好人"的偶像。

因此，他在选民中的支持率急剧上升。在广大民众的热情拥护下,田中角荣在职期间也取得了不俗的政绩。

巧拉家常,主要是利用人性的弱点,用浓厚的人情味拉近人们心理上和感情上的距离。古人云:用兵之道,攻心为上,攻城为下。同样,说人之道也是攻心为上。

巧拉家常便是一种高明的攻心术,使对方在情感上与你产生强烈的共鸣,不知不觉成为你的俘虏,从陌生到熟悉,化对立为调和,恰似山穷水尽疑无路,柳暗花明又一村。

作为公众人物,难免会遇到一些常人难以想象的困难,但尼克松和田中角荣的成功应该能够给我们一些启示。假如你在生活中遇到一些充满"敌意"的人,为何不尝试一下"巧拉家常"?彼此之间沟通一下感情,虽然不敢肯定他一定会对你产生好感,但至少也会觉得你没有他想象中的那么"可恶"。

梁晓声智答记者问
——话题转移法

转移话题可以是为了吸引对方的兴趣,也可以是为自己免受尴尬。转换后的话题力求生动、幽默,引人入胜。

梁晓声是知青出身的青年作家。他创作的许多作品,如《这是一片神奇的土地》《今夜有暴风雪》等,深受广大读者的喜爱,他也经常到国外访问。

一次,英国一家电视台采访梁晓声,现场拍摄电视采访节目。

采访的记者是一位四十多岁,老练机智的英国人。采访进行了一段时间后,记者将摄像机停了下来,走到梁晓声面前说:

"下一个问题,希望你做到毫不迟疑地用最简短的一两个字,如'是'与'否'来回答。"

梁晓声点头认可。

随着遮镜板"啪"的一声响,记者的录音话筒立刻就伸到梁晓声嘴边问:

"没有'文化大革命',可能也不会产生你们这一代的青年作家,那么,我想请教你,梁先生,在你或是你这一代作家看来,'文化大革命'是好是坏?"

梁晓声一怔,未料到对方的提问会如此刁钻,分明是想"诓"人上当。他灵机一动,迅速转移话题,立即反问道:

"先生,如果没有第二次世界大战,自然也就没有以反映第二次世界大战而著名的作家,那么你认为第二次世界大战究竟是好还是坏呢?"

回答如此巧妙!英国记者不由得暗暗佩服。后来,英国的这家电视台在播放这期节目时,只好将这一段对话"掐"掉。

在社交场合,有时候会遇到一些让人左右为难的境况,就如上面提到的这个故事,如果梁晓声按照那位英国记者设计的思路去想问题,回答问题,无论他回答什么都会落入英国人设计的圈套。此时,就需要人们有非凡的反应能力,最好能够借助周围的环境,迅速转移话题,以有效地避免自己的尴尬。

1961 年 5 月，外交部长陈毅元帅率中国代表团赴日内瓦，参加解决老挝问题的 14 国外长扩大会议。

会后，美国代表哈里曼携夫人在加拿大代表朗宁的陪同下，来到陈毅元帅的桌前。朗宁不怀好意地对陈老总说：

"陈元帅，这位是哈里曼夫人，要和您握握手，不知您同意不同意？"

陈老总礼貌地站起来，坦然自若地说：

"这有什么，当然可以了，难道你们美国人的手不是肉长的吗？"

哈里曼夫人把话接过去说道：

"你每次发言我都来聆听，而且我发现从远处看你很漂亮。但是，现在从近处看，我觉得，你更漂亮。"

这句美国式的恭维，让陈老总感到极不适应，不过他马上便回敬一句：

"十分感谢。不过，我敢肯定你们的肯尼迪先生就不会这样评价我！"

一句玩笑使陈毅轻松摆脱尴尬，同时也显得潇洒自若。

汉章帝时，有一位志士叫第五伦，深受章帝信任，便让他做了司空。由于第五伦为人正直，奉公守法，尽职尽责，深得人们爱戴。当然，也不可避免地要得罪一些人。

一次，在面君的时候，有人当众问第五伦：

"你有没有私心？"

这句话实乃是绵里藏刀，无论他怎样回答，都会对他不利。

于是，第五伦不慌不忙，从容答道：

"过去，有一个人有求于我，便要送给我一匹千里马，但是被我拒绝了。此后，每当朝廷让我们三公选荐人才的时候，我心里总是想到这个人，不过，我始终没有举荐他。我哥哥的儿子病了，我一天探望十次，回到家躺下就睡了。我儿子生病了，虽然我不去探望他，可是，却一整夜的睡不着觉。这样看来，我还是有私心的。"

这样巧妙的回答，不得不让人对他佩服得五体投地。

1981年，白宫得到里根遇刺的消息后，总统办公厅一片慌乱，不知所措。富有经验的国务卿黑格出来维持局面。黑格曾任美国驻欧洲部队总司令，脱下军装后，又当上了国务卿，一向

方　　向

一位天才的心算家从来没有被任何人难倒过。一天，一位挑战者问心算家："一辆载着283名旅客的火车驶进车站，下去87人，又上来65人。"心算家轻蔑地笑了。"在下一站下去47人，上来112人。"挑战者又作了补充。"在下一站下去37人，上来96人，"挑战者说得飞快，"在下一站下去74人，上来69人；再下一站下去17人，上来33人；再下一站下去55人，仅上来7人……""完了吗？"心算家问。"不，请您接着算！"挑战者说道，"火车往前开。到下一站下去137人，上来117人；再下一站下去22人，上来68人。"心算家等挑战者说完，不屑一顾地问道："您现在就想知道结果吗？""那当然，"挑战者微笑着说，"可是我并不想知道车上现在还有多少旅客，我只想知道，这趟列车究竟停靠了多少个车站？"心算家顿时傻了眼。在人生旅途上，如果犯了方向性错误，不论你实力多强，也只能与失败相遇。

以果断、稳重而闻名。但他听到里根遇刺的消息后，也大为吃惊，慌了手脚，甚至还闹出了个笑话。

当时，美国人最为关注的事莫过于总统遇刺的消息了。所以，各大媒体纷纷打探消息，以期提高自己报纸的发行量。

一次，一名记者问黑格：

"国务卿先生，总统是否已经中弹？"

黑格回答："无可奉告。"

记者又问："目前谁主持白宫的工作？"

黑格答道："根据宪法规定，总统之后是副总统和国务卿，现在副总统不在华盛顿，所以由我主持。"

这一回答引起了轩然大波，记者们议论纷纷，另一记者马上又问：

"国务卿先生，美国宪法是不是修改了？我记得美国宪法上写明总统、副总统之后，是众议院院长和参议院院长，而不是你国务卿先生。"

黑格听后明白是自己失言，急中生智反问道："请问在两院院长之后又是谁呢？他们现在都不在白宫现场，当然应该由我来主持了。刚才为了节约时间，仅仅是少说了一句话而已嘛。"

几句话便自圆其说，为自己解了围。

运用话题转换的说服技巧，换题才是关键，所转换的话题一定要和自己不便回答的问题有某种联系。这就要求必须具备丰富的知识，有一定的应变能力。

当然，应变能力是靠不断的实践培养出来的，但也并不是遥不可及的。只要平时多加锻炼，必然会有所收获。

同时，话题转换还可以运用在其他场合，比如对方对你所讲的话题不感兴趣,没有耐心时,你可先放下正题不谈,而从他感兴趣的问题下手,等他进入状态后,再将话题转移回来,往往会取得良好的效果。

"上帝能创造一块连他自己也搬不动的石头吗"

——陷敌两难法

左右为难的滋味是最难受的,所以,他自然会听从于你。

陷敌两难,顾名思义就是预先假设一个只有两种可能性的前提,迫使对方在两种可能中加以选择。而实际上,无论对手选择哪一种,推论出的结果都对他自己不利,除此之外又别无他法,从而使对方进退维谷,左右两难。

欧洲的中世纪是一个黑暗的时代。统治者为了巩固自己的统治,大肆宣扬神学,鼓吹宿命论。

一次,一位神学家又在鼓吹什么"上帝是万能的",这时有一个人站起来,大声问道:

"我可以问个问题吗?"

"当然可以。"神学家故作大度。

"上帝果真像你说的那样万能吗?"

"那当然,这是毫无疑问的。"

"上帝能够创造一切吗?"

"是的。"

"那上帝能创造出一块连他自己也搬不动的石头吗?"

"当然可以。"神学家不假思索地回答。

"那他岂不是举不动那块石头,而你怎么能说上帝是万能的呢?"

神学家哑口无言。

这个人就是后来被宗教裁判所烧死的无神论斗士——布鲁诺。

战国时期,秦国的宣太后十分宠爱大臣魏丑夫。在太后病危时,曾下令:"我死后,一定要用魏丑夫殉葬。"

魏丑夫知道了十分恐惧,谁也不愿这样白白送命。大臣庸芮是魏丑夫的好朋友,他十分同情魏丑夫,便向太后求情。

庸芮问太后:"您认为人死后还会有知觉吗?"

太后答道:"当然没有。"

庸芮又问:"像太后这样圣明聪慧的人,既然明明知道死后没有知觉,那么为什么要将自己生前所宠爱的人陪葬在没有知觉的死人旁边呢?"

太后低头沉思,默不作声。

庸芮接着说道:"如果说死人有知觉,那么先王忍受羞辱已经很久了,太后连补救过失的时间都不够,哪里还会有闲暇去私爱魏丑夫呢?"

太后觉得庸芮言之有理,最后终于收回命令,魏丑夫免于一死。

春秋时,有一个人向楚王进献长生不老之药。当这人拿着药来到宫门时,守门的卫士问道:"这药可以吃吗?"

"当然可以。"献药的人回答。

于是卫士将药夺了过来,随即吃了。楚王得报,大怒,命人将卫士捆了起来。

卫士对楚王说:"大王请听微臣一言:当初我问献药的人'此药可以吃吗'?他说'可以吃',所以我才拿来吃了。这是献药人的罪而不是在下的罪过呀。如果他说不可以吃,我自然就不会吃了。"

楚王听罢,怒道:

"你还敢狡辩,不杀你难解寡人心头之恨。"

卫士接着说:

动　力

一位年轻人总是抱怨自己的命运不佳,处处不尽如人意,便向一位老者求教。老者拿出一个苹果,用嘴咬下一块后,拿给年轻人看。"一个被咬了一口的苹果?"年轻人感到不解。"对!"老者说,"你觉得它就像我们每个人一样吗?从诞生之初就被上帝狠狠地咬下了一口。这缺陷让我们知道人生的不足,同时又给予我们不断追求完美的动力。只可惜,许多人都不曾领悟到上帝投下这枚暗示符号的含义啊!"

"大王要杀我不迟,让我把话说完。"

"你还有什么说的?"

"此人给大王进奉的是不死之药,说是吃了它就可以长生不老,不会死去。现在我已吃了这种药,如果大王杀死我,就说明这药是假的,根本不能长生不老,那这个人就是来欺骗大王的,世间哪有什么长生不死之药啊!"

楚王听了他的这番话,无可奈何,摆摆手将他放了,同时把那个献药者逐出宫门。

陷敌两难,其实就是逻辑学中著名的两难推理。运用这种推理极易取得主动而让对方陷于被动,无论是论辩还是劝说,都会迫使对方接受你的观点,因为他无路可走,只能听从你的意见。

您在生活中不妨一试。

东方朔智救乳母
——正话反说法

有些话,直接说可能会使对方不能接受,为了避免尴尬,不妨从反面说起。

汉武帝刘彻有位乳母,也就是人们常说的奶娘。这位乳母在宫外犯了罪,被官府抓了。汉武帝知道后心中十分为难,毕竟是自己的乳母,滴水之恩当涌泉相报,何况自己是被她的乳汁养大的。但是,天子犯法与民同罪,如果不处置他,有失自己天子的尊严,以后何以君临天下。思来想去,汉武帝决定以大局为重,依法处置自己的乳母。

乳母深知汉武帝的为人,知道自己凶多吉少,便想起了能言善辩的东方朔,请求东方朔能够帮自己一把。

东方朔也颇感为难,他想了想说:"办法也有,但必须靠你自己。"

乳母急切地问:"什么办法?"

"就在你被抓走的时候,要不断地回头注视武帝,但千万不要说话,这样你也许还有一线希望。"

乳母虽不解其中玄机,但还是点了点头。

当传讯这位乳母时,她有意走到武帝面前向他辞行,用哀怨的眼神注视着武帝,几次欲言又止。汉武帝看着她,心里很不是滋味,有心想赦免她,又苦于天子金口玉言。

东方朔将这一切看在眼中,知道时机成熟了,便走过去,对那位乳母说:

"你也太痴心了,如今皇上早已长大成人,哪里还会再靠你的乳汁活命呢? 你不要再看了,赶紧走吧。"

武帝听出了东方朔的话外之音,又想起了小时候乳母对自己的百般疼爱,终于不忍心看乳母被处以刑罚,遂法外开恩,将她赦免了。

东方朔一番反弹琵琶终于救了乳母,同样齐国的晏子也深谙此道。

一次,一个马夫杀掉了齐景公最爱的一匹老马。因为那匹马实在太老了,又得了一种怪病,马夫怕那匹马把疾病传染给其他马,便擅自做主,将老马杀了。

哪知,虽是匹老马,在齐景公的眼中却仍是他的爱物,毕竟那匹马跟随他那么多年,多少次随他出生入死,立下汗马功劳,如今却被人擅自杀掉了。景公不禁勃然大怒,立即命令左右绑了马夫,他要亲自杀了马夫为自己的爱马报仇。

那名马夫没想到自己尽职尽责,一番好意竟惹来了杀身之祸,早已吓得面如土色,一句话也说不出来。

晏子在一旁看见了,急忙拦住齐景公:

"大王不必着急,你就这样杀了他,他连自己犯了什么罪都不明白便送了命,太便宜他了。臣愿替大王历数他的罪过,然后再杀也不迟啊!"

齐景公一听,言之有理,便答应了晏子。

于是,晏子走近马夫,装作气急败坏的样子,用手指着马夫,厉声说道:

"你可知你犯了什么罪?"

"不,不知道。"马夫早已站立不住,浑身颤抖着说。

"第一,你为我们的国君养马,却把马给杀了。虽然那匹马又老又有病,但它是国君的马。就冲这一点,此罪当死。"

"第二条,你使我们的国君因马被杀而不得不杀掉养马之人,此罪当死。"

"第三条,你使国君因为马被杀而杀掉养马之人,此事必会遍传四邻诸侯,使得人人皆知我们的国君爱马不爱人,得一不仁不义之名,此罪又当死。"

"第四条……"

晏子还要接着往下说,但齐景公早已坐不住了,连忙打断晏子:

"不必说了,夫子放了他吧,免得让我落一个不仁不义之恶名，让天下人笑话。"

就这样，马夫得救了。

"皮箱"与"金表"

——诱人入套法

抓其漏洞，故设陷阱，引其上钩。善于布置陷阱的
猎手才是真正的猎手。

王安石当宰相时，于天下大兴水利。本来是件好事，却常常
不顾实际情况，弄得劳民伤财。

一天，刘贡父去拜见王安石，正赶上有位客人向王安石陈述
有关水利方面的建议。

只听那客人说：

"梁山泊面积很大，要是把水排净，可得万顷良田，只是还是
找不到合适的贮存那些水的地方。"

王安石似乎没有看出这办法的愚蠢之处，正在思考，没有
表态。

这时，刘贡父大声说道：

"这有何难？"

王安石以为他有好主意，连忙抬起头，催刘贡父快说。

齐贡父说："再挖一个像梁山泊那样大的洼地，不就有贮水

的地方了吗?"

王安石终于大笑:"梁山泊之事,我看就不议了吧!"

30年代中期,香港有位著名的律师叫罗文锦,他才思敏捷,谈吐幽默,曾成功代理了许多案件,尤其在一件"皮箱纠纷案"中,他的表现堪称完美。

英国商人威尔斯向中方茂隆皮箱行订购3000只皮箱。没想到,交货时,威尔斯却声称皮箱内层有木材,不能算是"皮"箱,因此向法院起诉,要求赔偿15%的损失。

这是明显的强词夺理,茂隆皮箱行的老板无奈之中只好找到罗文锦,请他出面为自己主持公道。

当时的香港还是英国的殖民地,英国商人在那里享有特权,很明显法院会偏袒英国商人威尔斯。但罗文锦依然决定出庭为被告辩护,他要杀一杀英国人的嚣张气焰,为中国人争一口气。

法庭上,威尔斯俨然一副无赖的嘴脸,胡说八道,蛮不讲理。

于是,罗文锦站在律师席上,取出一只金怀表问法官:

"法官大人,这是什么表?"

"这是伦敦名牌金表。可是,这与本案无关。"法官回答。

罗文锦继续问:

"这是金表,事实没有人怀疑。但是,请问其内部机件都是金的么?"

"不都是。"

"既然没有人否定金表内的机件可以不是金做的,那么茂隆行的皮箱为什么就必须全是'皮'呢?显然是原告无理取闹,存心敲诈。"

法官无言以对,无法再偏袒威尔斯,只能裁决原告败诉。

罗文锦所运用的正是诱人入套法。

一次,惠盎去见宋康王。康王劈头喝道:"我可不喜欢什么仁义道德的空论,你要教些什么点子给我呢?"

惠盎回答:"臣下有一种比你想知道的还要神妙的东西,就算是天下最勇猛的人,也别想刺进身;天下最狠的人,也休想击倒您,陛下难道没有兴趣听听?"

康王说:"这正是寡人所喜欢听的。"

惠盎见时机成熟,开始进入正题:

"说起来,其实这个刺不进身、击不倒您的护身法还不算高明呢!因为这一刺一击毕竟还是有辱您的尊严,更高明的应该是叫那些爱斗好狠的武夫,根本不敢近您的身。这还不够好,因为纵使外表不敢,心里头的敌意却是无法消除掉的;而我的这个法宝,就是叫那些人从心眼里就没有敌意,这样的人对大王没有敌意,天下和平祥和,这样的局面难道不是大王最喜欢的吗?"

宋王一听,乐不可支,心想:天底下竟有如此妙方,连忙催促惠盎快说。

惠盎见宋王的胃口已经被吊起来了,便不紧不慢地说:

"这个法宝不是别的,正是孔子、墨子二家的学说。这话怎么讲呢,您知道孔子、墨子没有寸土之地,但却可以君临天下;没有一官半职,却名噪一时。普天下的人,没有不引颈长盼这两种能使天下人获得幸福的学说能早日实现。如今,您是天下尊主,如果能以孔、墨两家学说作为治国蓝本,那么四海升平,指日可待。像这种不费一兵一戈,不伤一草一木即能利天下的东西,不是最妙的法宝吗?大王能得到这两样东西,实乃国人之幸啊!"

宋王听毕,深有感触地对左右的人说:"惠盎的口才真是不简单,没有人能预料他最后要说什么!"

人都有好奇心,所以想要说服对方时,先不要急着切入主题,从对方感兴趣的问题谈起,牵着他的鼻子走,使他由不想听变为想要听,甚至非听不可,这样就能在不知不觉中使他同意你的意见。

诱人入套,正是利用人们的这种心态,故设疑团,调动人的探求欲望,使他落入你预先布置好的陷阱之中从而达到说服、劝导的目的。

潜水艇被画成钢铁棺材

——危言耸听法

人性天生是懦弱的,惊其心魄时,他必然会权衡利弊。危言耸听不仅要声色俱厉,还要使他相信。

危言耸听,顾名思义就是故意把问题说得十分严重,将后果描绘得非常可怕,使闻者惊心动魄、幡然悔悟的说服技巧。因为,在某些特定的时候,对特定的人,你必须夸大事实才能对他造成强烈的震撼,他才能听从你的建议。

楚国大夫申无宇的守门奴仆因偷酒被发觉而畏罪潜逃,为了逃避申无宇的追捕,他投靠楚王一跃成为细腰宫守卒。因为楚国的法律明文规定:任何人都不准到楚王宫里抓人。那名奴仆自以为有了尚方宝剑,整日嚣张狂妄。可是,没想到申无宇却在楚王不知道的情况下径直到宫里把那位奴仆捉了回来。

楚灵王知道了之后非常气愤,命令申无宇把那个奴仆放出来。

申无宇说:"天上有十个太阳,人分十个等级,上层统治下层,下层侍奉上层,上下互相维系,国家才能安定太平。如今臣下的守门奴仆畏罪潜逃,借王宫之地庇护犯罪之身。如果让他真的得到庇护,那么其他奴仆便会互相效法,盗贼公行,谁还能禁止得了!长此以往,社会不安,大王江山不保啊!所以,臣下才不敢遵奉王命。"

楚灵王细细琢磨了一番,觉得很有道理,便下令处决那个奴仆。

第二次世界大战之初,德国于1941年制定的建造几十艘潜水艇的计划很快要成为现实,需要有几千名德国青年来操纵这些出色的新式秘密武器。

正当许多青年把当潜水兵作为一种崇高的职业,争先报名参加杜尼兹海军上将的潜水艇部队时,许多地方出现了一种精心设计的传单:潜水艇被画成一个"钢铁棺材",并写上这样的文字:当潜水兵极其危险,寿命短,长时期同外界隔绝……

同时,英国人在无线电广播中,开办针对德国人的节目,告诉德国人如何假装患某种疾病,可以避免当潜水员。

原来,这是英国海军部一个代号为OP—16—W的秘密部门,针对德国人很容易受到心理攻击的特点,运用心理学知识对德国进行的一次"心理战"。这样一来,许多青年对当潜水兵产生了恐惧心理,放弃了报名。

由此可见，危言耸听，让对方在心理上受到强烈的震撼，你的说服就会有效果。申无宇直陈楚王这种行为会使法令不行，社会不安，从而江山难保，最终使楚王处决了奴仆，同样，聪明的英国人将潜水艇描绘成可怕的钢铁棺材，还会有谁愿去白白送命呢？

战国时，有一个名叫张丑的人在燕国当人质。

这一天，张丑听说燕王想要杀死他，便急忙逃走。很快，他便来到燕国的边境，眼看离自由只有一步之遥了，不料却被燕国边境的巡官抓个正着，巡官以为这下立了大功，决定将张丑送回燕王处报赏。

张丑心想，如果被送回去，肯定是死路一条，必须想办法逃走，思来想去，张丑终于想出一条妙计。

张丑对看守他的兵士说："快去叫你们的头儿，我有话跟他说。"

看守连忙前去禀报。不大一会儿，巡官过来了。

张丑神秘地对巡官说：

"你知不知道，你们燕王为何要杀我？"

"不知道。"巡官回答，"为什么？"

张丑故意压低了声音说：

"燕王之所以要杀我，是因为有人说我有很多珠宝，而燕王却想要得到它们。事实上那些珠宝已经没有了，但是燕王不信任我。"

"这跟我有什么关系？"巡官不解。

"如果你现在把我送给燕王的话，他必定还要问我珠宝藏在何处。到时我就说，你把这些珠宝全吞在肚子里了。到时

潜水艇被画成钢铁棺材

候……"

张丑故意抬高了声音。

"燕王肯定让你剖腹取珠,你的肚肠将被一寸一寸地割开。"

这时,巡官早已吓得不住地颤抖,赶紧放了张丑,让他逃出燕国。

所以,假如跟你交谈的那个人固执己见,盲目自信,志得意满的话,要想使他改变主张,收回成见,转向你所设置的既定目标,就必须充分论述其原有想法或做法的危害,使其猛然警醒,继而听从于你。

球王贝利的戒烟

——晓以利害法

趋利避害是每个人都会做出的选择。晓之以利,告之以害,相信他不会不为所动。

一个人最关心的往往是与自己有关的一些利益,因为人们毕竟生活在一个很现实的社会里,虽不能说"人为财死,鸟为食亡",但人要生存,就离不开各种与己有关的利益。所以,当你想要劝说某人时,应当告诉他这样做对他有什么好处,不这样做则会带来什么样的不利后果,相信他不会不为所动。

球王贝利,人称"黑珍珠",是人类足球史上享有盛誉的天才,在他很小的时候,就显示出了足球的天赋,并且取得不俗的成绩。

有一次,小贝利参加了一场激烈的足球比赛。赛后,伙伴们都精疲力竭,有几位小球员点上了香烟,说是能解除疲劳。小贝利见状,也要了一支。他得意地抽着烟,看着淡淡的烟雾从嘴里喷出来,觉得自己很潇洒、很前卫。不巧的是,这一幕被前来看望他的父亲正好撞见。

晚上,贝利的父亲坐在椅子上问他:

"你今天抽烟了?"

"抽了。"小贝利红着脸,低下了头,准备接受父亲的训斥。

但是,父亲并没有这样做,他从椅子上站起来,在屋子里来回地走了好半天,这才开口说话。

"孩子,你踢球有几分天分,如果你勤学苦练,将来或许会有点出息。但是,你应该明白足球运动的前提是你具有良好的身体素质。可是,今天你抽烟了。也许你会说,我只是第一次,我只抽了一根,以后不再抽了。但你应该明白,有了第一次便会有第二次、第三次……每次你都会想:仅仅一根,不会有什么的。但天长日久,你会渐渐上瘾,你的身体就会不如从前,而你最喜欢的足球可能因此会渐渐地离你远去。"

父亲顿了顿,接着说:

"作为父亲,我有责任教育你向好的方向努力。也有责任制止你的不良行为。但是,是向好的方向努力,还是向坏的方向滑去,主要还是取决于你自己。"

说到这里,父亲问贝利:

球王贝利的戒烟

"你是愿意在烟雾中损坏身体,还是愿意做个有出息的足球运动员呢?你已经懂事了,自己做出选择吧!"

说着,父亲从口袋里掏出一叠钞票,递给贝利,并说道:"如果你不愿做个有出息的运动员,执意要抽烟的话,这些钱就作为你抽烟的费用吧。"说完,父亲走了出去。

小贝利望着父亲远去的背影,仔细回味着父亲那深沉而又恳切的话语,不由得掩面而泣,过了一会,他止住了哭,拿起钞票,来到父亲的面前。

"爸爸,我再也不抽烟了,我一定要做个有出息的运动员!"

从此,贝利训练更加刻苦,十六岁就入选巴西国家队,三夺大力神杯,成为一代球王。这番成就的取得跟父亲的一番教导是分不开的。至今,贝利仍旧不抽烟。

一次,唐代著名谏臣魏徵直言进谏,使唐太宗很难堪,太宗不由得有些愤恨魏徵。

太宗回寝宫后,向长孙皇后说及此事。长孙皇后听后,深有感触地说道:

"曾听说陛下器重魏徵,只是不知其中缘故。今天听起陛下说魏徵直谏的事,此人果然能以大义劝止陛下感情用事,可称得上国家正直之臣!妾与陛下结发为夫妻,承蒙礼遇,情义深重。然而每当说话时还要观察陛下的脸色,不敢轻犯威仪,何况是臣下情疏礼隔呢?触犯龙颜是危险的,因此古时韩非曾说'说难',东方朔也叹'谈何容易',都是很有道理的。"

"忠言逆耳,良药苦口。掌握国家的人以国事为重,听取忠言就会使社会安宁,拒绝忠言就会使政治紊乱。陛下详察其中道理,那么天下就幸运了。"

皇后一席话,使唐太宗顿时省悟,以后对魏徵更加器重。魏徵死后,太宗深感悲痛,亲临魏徵灵堂恸哭,追赠他为司空。太宗后来对人说:"用铜来作镜子,可端正衣冠;拿历史来作镜子,可以知道朝代的兴亡更替;拿人来作镜子,可以明白自己的得失。我经常保持这三面镜子,以防止自己的过失,现在魏徵去世了,我丢了一面镜子啊!"

得 与 失

一个小孩端着一个大碗去买酱油。两角钱的酱油将大碗装满后,在提子里还剩了一些。小孩于是把碗翻过来,用碗底装回剩下的酱油。到了家,他对妈妈说:"酱油太多,大碗装不下,我用碗底把剩下的装回来了。"在这件事情上,小孩无疑犯了傻。不过,在生活中,许多成年人并不一定比这小孩强多少。他们为了抓住眼前的"小部分",常常丢掉已有的"大部分"。

公元前630年,秦晋合兵攻郑。兵临城下,郑文公命烛之武去说服秦国退兵。

烛之武趁夜来到秦国军队的营门前放声大哭。秦穆公闻报,便亲自接见了烛之武。

烛之武说:"老臣哭郑,也哭秦,郑国灭亡在所难免,并不可惜,可惜的是秦国呀!秦晋合兵攻郑,即使胜了,对秦国也是无益而有损。因为秦国在晋国的西面,与郑国相隔千里,无法越过晋国占邻郑国的一寸土地。而郑和晋相连,胜利后领土必然全部归晋。秦晋两家本来势均力敌,可是晋国若得到郑的地盘,力

球王贝利的戒烟

量就会大大地超过你们,且晋国历来言而无信,这些年他们天天扩军备战,今日拓地于东,灭郑;他日必然会拓地于西,攻秦。君不见,晋国假途伐虢的教训吗?"

秦穆公听了觉得有理,便悄悄撤兵了。晋国自觉孤掌难鸣,便也班师回朝了。

不论个人行为还是国家大事,无不关乎利害,趋利避害是每个人都会作出的选择。所以,在辩说中说明利害得失,进而指明方向,具有极强的针对性和说服力。

孙膑装疯免祸殃

——假痴不癫法

难得糊涂,大智若愚其实是一种高明的处世之道,木讷憨厚比油嘴滑舌要惹人喜爱。

苏德战争爆发后,由于苏联的情报工作做得不好,准备不足,再加上德军装备精良,准备充分,苏军的防线很快就全面崩溃。德军长驱直入,势不可挡。很快就占领了苏联的大部分领土。在国家生死存亡的时刻,斯大林向全国人民发表讲话,号召他们保家卫国。于是,在苏联国内战争时期驰骋疆场的老将们,如铁木辛哥、伏罗希洛夫、布琼尼等,首先挑起了前敌指挥的重担。

但是，今非昔比。他们面对的是全部机械化、实施闪电战的德军精锐部队，这些老将军、元帅们渐渐感到力不从心。但历史总是向前发展的，长江后浪推前浪，江山代有人才出。一批青年军事家如朱可夫、华西列夫、什捷缅科等，开始在卫国战争中崛起。这些老将们虽然希望这些年轻的后生能不断打胜仗，拯救国家于危亡之中，同时他们又有几分嫉妒，总有一种失落、失宠的感觉。

1944年2月，铁木辛哥元帅受命去波罗的海协调苏军第一、第二方面军的行动，临行时苏军总参部又派什捷缅科作为参谋长与铁木辛哥元帅同行，以助他一臂之力。哪知，此举让元帅甚为不快，以为总参部的人对他不信任，当然对什捷缅科也没有什么好脸色。但命令归终是命令，只能服从了。

等上了火车，吃晚饭时，一场并不愉快的谈话开始了。

铁木辛哥先是一通牢骚：

"为什么派你跟我一起去？是想来教育我们这些不中用的老头子？监督我们？那还用我们干什么？直接将你们这些人才推到前面去不就行了吗？"

什捷缅科明白这时候，无论他说什么铁木辛哥都听不进去，只会加重他对自己的反感，索性一言不发，默默地听着。

元帅觉得还不解气，又接着说道：

"当你们还在桌子底下跑的时候，我们已经率领着成师的部队在打仗，为了给你们建立苏维埃政权而奋斗。你军事学院毕业了，自以为了不起，革命刚开始的时候，你才几岁？"

这通训，让什捷缅科几乎坐不住了。但他还是很真诚地回答了元帅的问话，

"那时候，我刚满十岁。"

然后，什捷缅科又十分诚恳地向元帅表示自己对他十分尊重，并要向他学习。

铁木辛哥火气已经消了不少，说话客气了一些："算了，外交家，睡觉去吧。时间会证明谁是什么样的人。"

孤　独

一天，一位天使对熟睡的伊莎贝尔说："聪明的伊莎贝尔，每个人都应该得到一份适量的聪明和适量的愚蠢，可是匆忙中上帝遗漏了你的愚蠢，现在我将这份礼物补送给你。"第二天，伊莎贝尔平生第一次讲话露出了破绽，第一次解题费了心思，她花一个早晨记住的单词三五天后忘了将近一半。她痛恨这份"礼物"，便在深夜偷偷地将愚蠢从脑里取出，扔了。从此，她没有遇到难题，没有考过低分，一直保持着强盛的记忆、出色的思维和优异的成绩。当然，她也没有了苦役获释的愉快和改正差错后的轻松；也没有一个同伴愿意与她一起组队去出席专题辩论，因为她精彩的口才使得同伴全成了木鸡；也没有人愿意和她做买卖，因为得利赚钱的总是她；虽然她年轻漂亮，可谁也不敢找她谈恋爱……她越来越孤独，这时，她多么希望自己也有份愚蠢啊！可是，她已经失去了这样的机会。

在以后的工作中，什捷缅科无论做什么事都处处维护元帅的权威。自己有了什么好的建议、计划都先征得元帅的同意，再以元帅的名义发出去。事后证明这些建议、计划都是卓有远见、几近完美。

就这样，他们共同工作了一个月。

有一天，在喝晚茶的时候，铁木辛哥略带歉意地对什捷缅科说：

"现在我明白了，你并不是我原来认为的那种人。我曾想，你是斯大林专门派来监督我的，现在看来，我的想法确实是错误的。"

后来，由于形势紧迫，什捷缅科被调往其他战区。临分别时，铁木辛哥突然发现自己竟然对什捷缅科恋恋不舍。

又过了一个月，铁木辛哥亲自向大本营提出请求，要求将什捷缅科调回来共事。

假癫不痴其实是一种聪明的处世之道，历来备受推崇。

当年孙膑遭庞涓暗算后，身陷绝境，但庞涓仍不肯放过孙膑，一心想置他于死地。于是孙膑决定佯狂诈疯，以懈庞涓的警惕之心，然后再寻找机会逃走。

这一天，庞涓派人送晚餐给孙膑吃。孙膑接过筷子正准备吃时，猛然昏倒在地。过了一会儿，孙膑慢悠悠地醒了过来，不住地呕吐起来，紧接着就开始发怒，张大眼睛狂叫不止。

送饭的一看这阵势，连忙去向庞涓报信。庞涓将信将疑，亲自前往查看。只见孙膑痰涎满面，伏在地上大吐不止。过了一会儿，又号啕大哭。庞涓非常狡猾，为了查清孙膑的真假，命令左右将他拖到猪圈中。孙膑乱发披肩，顺势倒在猪粪上。但此时，庞涓仍半信半疑，但对孙膑的看管比以前大大地松懈了。孙膑也终日疯疯癫癫，一会儿哭一会儿笑，白天混迹于市井，晚上仍然回到猪圈之中。

又过了一阵，庞涓终于相信了。结果，孙膑终于逃出了庞涓的魔掌，去了魏国。

难得糊涂历来被推崇为高明的处世之道。其实懂得装傻，并非真傻，而是大智若愚。

做人切忌恃才狂妄，不知饶人。要知道木秀于林，风必摧之。

人际交往，装傻可以为人遮羞，给人台阶；可以故作不知，反唇相讥；还可以假痴不癫迷惑对手。

总之，有时候显得木讷憨厚一点。更能赢得他人敬重。

平原君取悦食客

——收揽人心法

攻城为下，攻心为上，谁征服了人心，便征服了一切。

收服人心是说服术的重要目的，尤其对一个集体而言，只有能收揽人心，才能战无不胜。

战国时代的平原君，以贤著称，他在收服人心上有独到的智慧。

平原君食客众多，在这些人当中有一位跛脚的食客。一天，平原君的一个婢女见到这名食客跛着脚去打水的滑稽模样，忍不住笑出了声，还向那位跛脚食客说道："你路都走不好，还打什么水呀！"

跛脚食客觉得自尊心受到伤害，便向平原君抗议道：

"我之所以投靠到您的门下，是因为我听说您很重视人才，所以天下的士人才不远千里聚集在您的门下，大家都说您轻视女色而重才，如今，您的婢女却取笑我，我身为男子汉大丈夫，怎么能忍受这种侮辱？我要求您取下该婢女的首级！"

平原君听罢，觉得这名食客小题大做，你明明就是跛脚嘛，怎么连人说一句都受不了呢？但是，当着众人的面平原君还是勉强答应了食客的要求。

等跛脚食客退下之后，平原君觉得好笑，便对其他食客说：

"此人简直是岂有此理，受人一点取笑，就兴师问罪，要我把婢女处死！不也太过分了吗？总不能因为一句玩笑就取人性命吧！"

随后，这件事被平原君不了了之。

没想到的是，从此以后，食客一个接着一个地离开了。一年之后，留下的食客已经不到原来的一半。

平原君感到纳闷：自己并未亏待他们，为什么要离开呢？

于是，一位食客提醒平原君说："你答应要处置婢女，却没有处置，这样大家觉得你言而无信。其次，为了一名婢女而不顾食客的感受，大家又会觉得你重女色而轻士人，所以他们才会离开。"

平原君这才恍然大悟，立刻把那名婢女斩了，然后提着首级亲自到跛脚食客那里道歉。于是，渐渐地食客们又回来了。

这个故事很耐人寻味，平原君以为只要给予食客们生活上的保障及物质上的享受即可让他们安心为自己卖命，其实，精神上的"收购"更为重要。当然，我们不能提倡这种"杀死婢女来取悦食客"的做法,但这却说明了收买人心的重要性。

日本德川幕府第三代将军德川家光在位时,朝中有三位大臣,分别是土井胜利、酒井忠世以及青山忠俊,这三个人为德川家族尽职尽责,一丝不苟,人称"宽永三辅"。

其中,土井胜利生性温和,慎思密虑,为人处世极谙收买人心之道。

当时德川家族中有一位名叫德川秀忠的将军,此人手握兵权,但是非常讨厌别人抽烟,于是,他在军中下了一道命令:凡是士兵抽烟者,一律斩首。

有一天晚上,几个负责守卫城门的士兵在站岗时,发觉天气寒冷,又无事可干,想到深更半夜的肯定没人前来巡察,便躲在阴暗处每人点了一根烟。

哪知这一天,土井胜利正好闲来无事,出来巡视。当士兵们发现土井胜利,想要掐灭烟头时,已经来不及了。士兵们心想:这下人赃俱获,看来性命难保。一个个惊恐不安,不知所措地站在那里。

土井胜利却若无其事地走上前去,先问了一下守卫的情况,然后要求他们说:

"你们刚才抽的香烟,让我也抽一口,怎么样?"

士兵们谁也没想土井会有这样的要求,疑惑不解地望着土井,但还是乖乖地掏出香烟交给土井。土井接过来,点上,津津有味地抽了几口,便把香烟退还给他们。

"没想到烟这么可口,谢谢。"

说罢,转身便走了。刚走了几步,又转回来对士兵们说:

"今天的事,我也有份,希望今后再也不会有这种事情发生。

要知道,你们的将军可是最讨厌抽烟的。"

据说,自此之后,士兵们抽烟的风气居然完全消失。

诸葛亮在先主刘备死后,仍旧辅佐后主刘禅,掌理朝政,并积极准备北伐曹魏。

但当时西南少数民族兴起大规模叛乱,对蜀国构成很大威胁,其中以孟获为首的队伍为害最大。诸葛亮决定先收服孟获。

当时,孟获盘踞在西南一带,那里山势险峻,易守难攻,而且蛮人体格健壮、骁勇善战,强攻不行,只能智取。

诸葛亮在讨伐之前,向全军将士下令:

"孟获只可生擒,不得伤害。"

于是,激战之后,孟获被带到诸葛亮面前,诸葛亮令人松绑,带着孟获绕军营一圈,让孟获仔细察看了一番,然后问道:

"你觉得我这个阵势如何?"

孟获不服:"先前是因为我不晓得你有这种阵势,所以才会输给你,如果我早知道,肯定不会输。"

诸葛亮笑了笑,命人放了孟获,就这样捉了放,放了捉,等到孟获第七次被捉时,诸葛亮命人再放了他,但孟获却不肯走了,他向诸葛亮发誓:

"你真是用兵如神,我再也不会背叛你了。"

收服人心是说服术的精髓,攻心为上,只要你能成功地打动他,那么所有的问题都不会成为问题。

收服人心又有种种不同的方法,可谓仁者见仁,智者见智,但其宗旨只有一条:他心理上的症结在哪儿,你就在哪儿大做文章,将症结解开。

"揽二乔于东南兮，乐朝夕之与共"

——投石击浪法

　　请将不如激将。激将就是要激起对方的自尊，让他为自己的尊严而战。

　　历史上著名的"赤壁之战"想必无人不知，无人不晓。但是，在赤壁之战前还发生了一段颇为生动、有趣的故事。

　　建安十三年，曹操亲率大军攻打江南。当时东吴的孙权是战是和举棋不定。因为他深知，用兵乃国之大事，按照母亲吴太夫人的指示，遵照哥哥孙策"遇到难以决断的大事，内政问题垂询张昭，外交问题垂询周瑜"的遗训，孙权把周瑜叫来共商国是。

　　周瑜是当时吴国的军事统帅，此人颇有将才，但气度狭小。起初，周瑜对抵抗曹操一事也没有必胜的把握，这更让孙权骑虎难下，而此时的刘备兵少粮缺，必须联合东吴才能和曹军一较高低。所以，刘备派诸葛亮过江东去游说孙权。

　　诸葛亮深知只要说动了周瑜便大功告成。可是，他对周瑜还不是太了解，便决定先试探一下。

　　不久，诸葛亮就在东吴重臣鲁肃的陪同下去见周瑜。鲁肃先向周瑜陈述了一下军情，着重渲染了曹操的百万大军势不可挡，只有孙刘两家联合起来，才能与之抗衡。

周瑜听罢，心里就明白了，这必是诸葛亮的主意。于是，他也决定试探一下诸葛亮。所以，等鲁肃讲完，周瑜故作害怕状。

"哎呀，曹操既然来势汹汹，仅凭我们孙、刘的势力无疑是以卵击石，看来只有投降才是上策呀。"

诸葛亮何等聪明，早已洞悉一切，他没等周瑜说完立刻表示同意。

一旁的鲁肃着急了，冲诸葛亮不住地使眼色。但诸葛亮视而不见，对周瑜说：

"将军，对吴国来说，投降确实是上策呀！只要你们献给曹操两名美女，他的百万大军必不战而退。"

周瑜吃了一惊，忙问道："此话怎讲？"

诸葛亮笑了笑说："有诗为证。"

接着诸葛亮朗诵了一篇赋：

"从明后以嬉游兮，登层台以娱情；见太府之广开兮，观圣德之所营；建高门之嵯峨兮，浮双阙乎太清；立中天之华观兮，连飞阁乎西城；临漳水之长流兮，望园果之滋荣；立双台于左右兮，有玉龙与金凤；揽'二乔'于东南兮，乐朝夕之与共……"

诸葛亮抑扬顿挫、清晰流畅地将这首赋朗诵完。然后，接着说：

"这篇赋就是有名的《铜雀台赋》，此赋是曹操的三子曹植所作。当年，当曹操在漳河之畔兴建豪华的铜雀台时，曹植特地作此赋来赞美此事。"全赋的大意是说：天子即位之后，在漳河畔景盛之地建金殿玉楼，极尽庭园之美，藏江东美女大乔、小乔于此为乐。如今据说曹操之所以统领百万大军窥视江东，实际上完全只是为了大乔、小乔的美貌。其实，对你们东吴而言，牺牲

『揽二乔于东南兮，乐朝夕之与共』

大乔、小乔两个女人,就等于大树上落下两片树叶而已。所以实在不如就把大乔、小乔献给曹操。如此则是天下百姓之福啊!何必再劳将军费神呢。

周瑜一听孔明这话,不由得勃然大怒,把酒杯一丢,站起来骂道:

"曹操老贼未免欺人太甚!"

第二天早晨,周瑜在文武百官上朝之前向孙权献策,并且很果断地催促孙权说:"只要主公授臣数千精兵去攻打夏口,臣必可在一战之下大破曹军。"

于是,便有了后来的赤壁之战。

那么,为什么诸葛亮几句话就可扭转乾坤呢? 原来,所谓的"二乔"是江南两位美女,大乔乃孙策的夫人,小乔便是周瑜的娇妻。古人云:饿死事小,失节事大。周瑜血气方刚,把名誉看得比什么都重要,岂能忍受如此奇耻大辱? 诸葛亮的投石击浪法立刻见效。

美国的著名政治家艾尔·史密斯曾任纽约州州长。当时,纽约州的星星监狱十分难以管理。监狱里经常发生斗殴、骚乱,几任监狱长都被迫辞职或被撤职。史密斯想找一位能干的人来管理这所监狱。可是,这是一件很困难的事,因为星星监狱早已在美国臭名昭著,没有人愿意来干这件苦差事。

经过几番物色、筛选,史密斯相中了一名叫刘易斯的人。此人性格刚毅、意志坚强,身材高大、体格强壮,看起来似乎只有他才能镇得住监狱里的那帮犯人。史密斯对他也极为满意。接下来的事便是如何"逼"他上任。

史密斯召来了刘易斯,对他说:

"让你当星星监狱的监狱长,你看怎么样?"

对这个监狱,刘易斯也有所耳闻。早听说以前的监狱长要么死在任上,要么干了几个星期就向上司提出辞呈。在这里做监狱长对自己的前途的确是个非常大的考验。想到这里,刘易斯也感到太突然,有点不知所措。

史密斯发现他犹豫不决,知道他心里有所担心,便决定激他一下:

"年轻人,看起来你是害怕了,不过,这也很正常,谁都知道星星监狱的情况糟糕透了,没有人敢接手这个工作,所以,我们决定要找一位真正有魄力、有能力胜任这项工作的人。我觉得你是位很适合的人选。"

"当然了,"史密斯接着说,"对您的畏惧心理我不能加以责怪,那是一个困难的位置,又充满了危险,我总不能命令你去接手这个职位吧。不过,那确实是一个充满挑战的工作,错过了它,我为你感到遗憾,特别是对你这种喜欢挑战的人。"

刘易斯被这番话激怒了,他无法容忍别人说他是胆小鬼,于是他欣然答应了州长。

后来,在刘易斯的管理下,星星监狱的情况有了根本好转,而他也成了星星监狱历史上最有名气的狱长。

有时候,当你说辩的对方是位性格鲜明的人时,你可以采取激将法,激发他的强烈反应,一石击起千层浪,当他同情、反感或者极度欢乐时,也是他最脆弱的时候。然后,你在步步相激,"逼"他就范。

投石击将法,重在"击",攻击他的弱点,让他冲动甚至发怒,人在盛怒之下必然要失去应有的理智,这时他就很容易听从你的摆布。

日颂千遍观世音,菩萨烦不烦

——巧创氛围法

说服,要注意环境和气氛是否合适。如果没有合适的环境和气氛,就需要运用机智口才,设法创造出这样的氛围,借以打开局面。

清末光绪年间,有个叫何梅谷的人,以研究孔孟学说闻名于世。

他的老伴却特别信佛,每天从早到晚要念上一千遍"大慈大悲救苦救难的观世音菩萨"。不让她念,她不听;何梅谷担心这件事会在文人中成为笑柄。

于是,他想出了一个好办法来"改造"自己的老伴。

一天,他叫夫人,老伴答应了;再叫,老伴又答应了;还叫,夫人生气了,不再搭理他了。何梅谷更来劲了,连声又叫了几声,夫人大怒道:

"跟叫魂似的,没完没了,真烦人!"

何梅谷趁机开导她:

"我这才叫了你几遍,你就生气了,你一天念一千遍观世音,菩萨就不烦吗?"夫人顿时省悟,从此再也不日诵观音千遍了。

美国一位大学校长运用实际表演法作报告,也收到很好的效果。

在一次集会时，校长面容严肃，戴方帽、穿礼服登台，只讲了几句开场白，就从口袋里掏出笔记本写着什么，然后把笔记本丢在地上。又掏出香蕉吃，把皮随手扔掉，接着是嚼糖果、花生，最后竟把泡泡糖的渣也吐在台上，还用脚踩了踩。

在学生们再也看不下去时，校长开口了：

"各位同学，大家已经看清楚什么是不道德了，从现在起，我们要共同维护校园的整洁，报告完了。"

某厂正在举行一次演讲比赛。

这时，一位女选手走上台，开口说道：

"我给大家演讲的题目是《论坚守岗位》。"女选手嗓音甜润，吐字清晰。

突然，她停止了演讲，走下讲台，径直向会场外走去。台下的听众面面相觑，先是小声议论，继而喧声四起。

几分钟后，她才慢腾腾回到台上，面对激怒的听众，充满激情地说：

"如果我在演讲时离开讲台是不能容忍的话，那么，工作时间纪律松弛，玩忽职守，擅离生产岗位，难道就不应该谴责吗？我的演讲完了。"

人们沉默了一会，随即爆发了雷鸣般的掌声。

由此可见，在论辩时根据对方不同的心理特征，选择不同的环境与地点，创造与之相适应的气氛是相当重要的。

恰如其分的氛围是人们进行良好沟通的前提条件，好的氛围可以让你事半功倍。因为，人是最具感性的。

何梅谷的现身说法使夫人自悟到日诵观音千遍的荒谬；美

国校长运用创造情境的教育方法使同学们和听众受益匪浅。

　　他们的成功来源于对情境的良好把握,创造恰当的氛围,融理于境,此情此境怎不令人感动。

"坡"是"土之皮","滑"为"水之骨"
——旁敲侧击法

　　有些事在某些情况下不能明说,但又不得不说,只好从侧面以委婉曲折的方式来表达,以避免发生正面冲突,这种说辩的技巧就是旁敲侧击。

　　唐朝的王珪身为侍中,便深谙此道。

　　一次,庐江王李瑗谋反被唐太宗镇压,李家被满门抄斩。但李瑗的小妾是位美人,太宗不忍杀她便据为己有。满朝大臣都觉得太宗这样做极不合适,但没有人敢站出来直接指责皇上,那样会掉脑袋的。

　　这一天,李世民跟王珪谈话。王珪注意到那位美人就侍立在李世民的身旁。

　　李世民指着美人说:

　　"这是庐江王李瑗的妾,李瑗杀了她的丈夫而娶了她。"

　　王珪听后,立即反问道:

　　"那么,陛下认为庐江王这样做对还是不对?"

李世民答道:"杀人而后抢人妻子,是非已经十分明显,卿何必还要问呢?"

王珪答道:

"今天,庐江王因谋反被杀,可是,这个美人却为陛下占有,所以,我认为陛下肯定认为李瑗做的对。"

李世民听了,深感惭愧,立刻把美人送还她的家族,同时对王珪能指出他的错误,大加赞赏。

秦二世的时候,优旃还在宫里。这个秦二世,生活极为奢侈铺张。这一天突发奇想,要把城墙都涂上颜料。

这是件劳民伤财的事,一些大臣都极力反对,可谁都不敢劝阻。

于是,优旃便去见二世。

"陛下,漆城,是个好主意。您虽然没有发下话来,但我原本就想请求您干这件事的。尽管漆城要花掉百姓不少钱,可它确实是件大好事。"

"漆城以后,表面平平滑滑,有敌人来攻城,爬不上来,就是有人想靠在城墙上,因为涂有颜料,谁也不敢靠了。"

秦二世一听,明白了优旃的意思,就笑了笑一挥手:"算了,不漆了!"

北宋的王安石曾写过一本书叫《字说》,虽然王安石既是政治家又是文学家,但他的这本书中却有许多牵强附会的内容,人们并不赞同。大文豪苏东坡便是其中之一。

有一次,王安石问苏东坡:

"你的号叫'东坡',知道'坡'字代表的是什么意思吗?"

苏东坡说:

『坡』是『土之皮』,『滑』为『水之骨』

"愿闻高见。"

王安石解释道：

"坡，就是'土之皮'呀！"

苏东坡听后，不禁哑然失笑，原来把字拆开就可解释！当即反唇相讥：

"照你这意思，'滑'字也就可以解释为'水之骨'了吧？"

王安石顿时哑口无言。

有名战士刚入伍，颇有才华，写得一手好字，但就是有点"不拘小节"。每天早晨起床后，不肯认真整理内务，检查评比时，拖了班里后脚。为此，班长屡次批评他，可他左耳进右耳朵出，满不在乎。把个班长急得直跺脚，一点办法也没有。

选　择

在一个关于佛教的演讲会上，一名女学生站起来问佛教协会会长赵朴初大师："你们佛家主张不结婚、不生育，照这样下去，人类岂不走向灭绝吗？"大师微微一笑，从容地反问道："请问小姐，你想不想出家？""喔，我可不想出家！"女学生摇着头说。大师说："这么说，不是至少还有一个人在肩负着繁衍人类后代的伟大使命吗？你怎么说人类会走向灭绝呢？"原来，有些人不结婚、不生育与其他人结婚、生育并不矛盾，生活尊重每个人的自主选择。

一天，连长见这个新战士在练字，特意凑过去说："你的字写得不错嘛，小伙子还真有两下子！"

新战士扭头一看是连长，十分得意地把嘴一撇，意思是说：

"你也懂?"

连长看透了他的心理,便不露声色地对他说:

"汉字是方块字,其中既有美学,又有力学。"

接着,连长从古代书圣王羲之、颜真卿、柳公权、赵孟頫,说到当代的郭沫若、沙孟海、舒同。小战士没想到连长懂得这么多,不由得暗暗佩服,于是渐渐听得入了迷。

连长发现时机已到,就突然把话锋一转说:

"常言道,字如其人,但遗憾的是,你的字却与你本人不大一样。"

这名战士对连长的"突然袭击"毫无防备,心中纳闷:这字与我有什么联系? 于是,他不解地问连长:

"噢,我的字与我有关系吗?"

连长笑了笑,指着他的床铺说:

"你看看你的床铺再看看你写的字,你的字方方正正、干净利落,可你的被子窝窝囊囊的,哪像个练字的。"

"再说,"连长接着讲道,"一个字中,只要有一笔没写好,就会影响到整个字的结构,结构散了架还谈什么书法。同样,我们连队也是个大集体,一个人也会影响整个集体呀!"

新战士听完,脸顿时红了。他不好意思地对连长说:"对不起,连长。我错了,今后保证不再拖连队的后腿。"

人人都有自尊,但更要有自知之明。有些事不能直接从正面谈起,否则就会发生一些摩擦,就如王珪奉劝李世民,如果直言进谏,说皇上"杀人夺妻"是不对的,龙颜一怒,王珪性命何在? 所以,只需要多敲侧面鼓,多用智慧之言,定能收到奇效。

『坡』是『土之皮』,『滑』为『水之骨』

111

"从伟大到可笑，只有一步之遥"

——以毒攻毒法

忍无可忍则无需再忍。以毒攻毒用于对付那些居心不良的小人甚为合适。

苏联著名诗人马雅可夫斯基才华横溢，为人刚正不阿，对一切丑陋的现象都会给予无情的抨击，因此他得罪了不少人。这些人总是处心积虑地挖苦讥刺马雅可夫斯基。

一次，在一次演讲中，马雅可夫斯基刚刚讲了一个笑话，台下有人忽然喊道：

"先生，你讲的笑话我听不懂！"

"莫非你是长颈鹿！"马雅可夫斯基感叹道，"只有长颈鹿才可能星期一浸湿了脚，到了星期六才能感觉到。"

"我应当提醒你，马雅可夫斯基同志"一个人挤到前面嚷道，"拿破仑有一句名言：从伟大到可笑，只有一步之遥！"

"一点不错，亲爱的先生，一步之遥！"

马雅可夫斯基边说边用手指着自己和那个人。

这时有许多人递条子给诗人，要求他回答条子上的问题。

马雅可夫斯基打开一个条子念道："马雅可夫斯基同志，您今天晚上一共得了多少钱？"

"这与您有何相干？您反正是分文不掏的，我还不打算与任何人分享这笔钱。"

"您的诗太骇人听闻了，这些诗是短命的，明天就会完蛋，您本人也会被忘却，您永远不会成为不朽的人。"

"请您过一千年再来，到那时候咱俩再谈这个问题。"

"马雅可夫斯基，你为什么喜欢自夸？"

"我的一个同学舍科斯皮尔经常劝我：你只讲自己的优点，缺点留给你的朋友去讲！"

"这句话您在哈尔科夫已经讲过了！"一个人从座上站起来喊道。

"看来，这位同志是来作证的。"诗人用目光扫视了一下大厅，又说道："我真不知道，您到处在陪伴着我。"

"您说，有时应当把沾满'尘土'的传统和习惯从自己身上洗掉，那么你就必然洗脸，这就是说，你也是肮脏的了。"那个人反问道。

"那么您不洗脸，您就以为自己真的很干净吗？"

"马雅可夫斯基同志，你为什么手指上戴戒指？这对您很不合适。"

"照你说，我不该戴在手上，那该戴哪？鼻子上?!"

"马雅可夫斯基，您的诗不能使人沸腾，不能使人燃烧，不能感染人。"

"亲爱的同志，我想声明一下：我的诗不是大海，不是火炉，更不是鼠疫。"

马雅可夫斯基以毒攻毒真可谓"毒"到了家，让所有有意诋毁他的人再也说不出半句话。

齐国的国相晏子,将要出使楚国。

楚王知道这个消息后,便对手下说:"听说晏子是齐国最善言辞的人,现在要来我们楚国,我要想个办法整整他。你们可有什么好的建议吗?"

手下的人便给楚王出了个主意。

晏子来到楚国,楚王举行盛大酒宴招待他。楚国的文武大臣、各国的使节基本上都在座。正当大家酒兴正酣时,忽见两个差人押着一个犯人走进大厅。

楚王故作惊讶,拦住他们问道:"站住,捆着的这个人是干什么的?"

差人回答:"禀告大王,他是齐国人,犯了偷盗罪!"

于是,楚王不怀好意地笑着对晏子说:"难道齐国人善于偷盗?"

晏子此时已经看穿了楚王的别有用心。故意整出这么大的排场,目的就是想侮辱齐国,想到这里,晏子站了起来,严肃地对楚王说:

"大王,你是否听说过这样一个故事:橘树生长在淮河以南,是橘树;生长在淮河以北,就成了枳树。橘树和枳树虽然长得很像,但它们结出的果实味道却大不相同。橘子又甜又酸,枳子的果实小而涩。为什么呢? 由于水土不同啊! 不同的水土养育的结果也大不相同。如今,在齐国土生土长的人,在齐国时不做贼,但一到楚国就又偷又盗,难道楚国的水土使百姓惯于做贼吗? 您说呢,大王?"

楚王听后苦笑着说:"德才兼备的圣人,同他开玩笑,真是自讨没趣呀!"

生活中,对于尖酸刻薄者,对于故意寻衅者,我们不能一味地宽厚下去,不能总是向他人展示自己的宽厚仁慈,忍无可忍则无需再忍。

遇上这些对你横加指责、吹毛求疵、言语中明显带有攻击性的人,首先要控制自己的情绪,不要激动。这时候以平和的心境反击对方,一是表现出自己的涵养和气量,二是可以让对方感到极为不快。因为,他攻击你的目的就是要让你发怒,你越生气、越激动他就越开心。相反,如果你表现得非常平静,那么对他的打击是可想而知的。

在反讥的过程中,态度要强硬,要击中对手的要害,还要有力量,这样就可以捡起对方扔过来的石头再砸他们自己的脚。

"儒以文乱法,侠以武犯禁"
——借古讽今法

以古讽今,指桑骂槐。以古鉴今,以史为镜。

鲁迅写的文章,尤其是杂文,大家看后都觉得十分解气,原因是鲁迅的语言犀利无比,将一些丑陋的东西批驳得体无完肤,自然是大快人心。同样,鲁迅的演讲同他的文章一样,令人有种酣畅淋漓的感觉,而使另外一些人坐立不安。

鲁迅曾有一篇著名的演讲《流氓与文学》,开头是这样讲的：

"流氓是什么呢？"

"流氓等于无赖加壮士，加三百代言。流氓的造成，大约有两种东西，一种是孔子之徒，就是儒；一种是墨子之徒，就是侠。这两种东西本来也很好，可是后来他们的思想一堕落，就慢慢地演变成所谓的流氓。"

讲到这里，听众不禁暗自纳闷：侠儒之道，怎么会跟流氓联系在一起，这是什么意思？

鲁迅接着讲道：

"司马迁说过，'儒以文乱法'，而'侠以武犯禁'。由此可见儒和侠的流毒了。太史公为什么要说这样的话呢？"

"因为他是道家，道家主张'无为而治'，这种思想可以说是'癞蛤蟆想吃天鹅肉'，简直是空想，实际上是做不到的。"

"儒墨的思想恰好搅乱道家'无为而治'的主义。司马迁站在道家的立场上，所以要反对他们。可是，也不可太轻视流氓，因为流氓要是得了时机，也是很厉害的。"

"以上说的全是流氓，可是和文学又有什么关系呢？就是说，流氓一得势，文学就要破产。我们看一看，国民党北伐成功以后，新的文学还能存在？唉！早就灭亡了。"

讲到这里，所有的听众都明白了，什么是流氓，谁是流氓，要想找到答案，只能继续听鲁迅的演讲：

"从前有《奔流》《拓荒者》《萌芽》三种刊物，据说因为都有点左倾赤色，现在全被禁止了。听说在禁止之前，就暗地里逮捕作者，秘密枪毙，并且还活埋了一位！唉，你瞧，比秦始皇还厉害若干倍哪！"

"兄弟从前作了本《呐喊》，书皮儿用的是红颜色，以表示白话、俗话的意思。后来，有一个学生带着这本书到南方来，半路上被官家给检查出来了，硬说他有赤色嫌疑，就给毙了。"

"有一个人，他的文章里有一句是'光天子之下'，明太祖认为这句的意思是'秃天子之下'，因为明太祖当过和尚，所以，说这人有意侮辱他，就把这人杀了，像这样，还能长久吗？所以说'马上得天下，不能以马上治之'……"

解　脱

有个病人在临死之前异常痛苦，一手抓住床沿，一手抓住妻子，指甲几乎掐入妻子的肉中。妻子见他如此痛苦，劝他："你放手吧，让它（生命）去，就好过了。我在你身边，着看你，爱你。"他听了，宽心了。一放手，果然就解脱了。有两个孩子，一个手上抓了个球，另一个也想要。一方不给，另一方就拳脚相加，结果弄得满头是伤。在生活中，许多时候我们就如同这手上有球的小孩，不肯放手，宁愿被人没头没脑地乱打，还是紧抓不放。其实不过是为了个球罢了。你或许会说，那球是我的，没理由给他。但是，为了免去痛苦，人有时对生命也得放手，何况一点点小利呢？适时地舍去，也是一种艺术；当你放手的那一刻，你就得到了解脱！

流氓与文学，好比下里巴人与阳春白雪，但鲁迅却能将它们巧妙地结合起来，借用典故、古人来讥刺当局残酷地镇压新文化，禁锢人们的思想。文字幽默、辛辣，刻画的"流氓"入木三分。

宋太祖在位期间，党项族的酋长李继迁经常率领军队侵扰大宋的西部边疆。

117

有一天，负责边防的军队上奏太祖：他们已经抓获了李继迁的母亲。宋太祖大喜，心想这下该叫李继迁吃点苦头了，他想杀了李母，给李继迁点颜色看看。

于是，宋太祖命人将李母绑于北门外，定于午时斩首。

大臣吕端觉得这样做不妥，便进宫求见太祖。吕端问道："皇上为什么要杀一位母亲？"

太祖回答：

"给那些叛逆的人看看，这是对他们的惩罚。"

"这样做，并不是个好办法。当初项羽打算油烹汉高祖的父亲。汉高祖刘邦告诉项羽：'如果油炸了我的父亲，希望也分给我一杯肉汤喝。'所以，凡是有野心，想成就大事的人往往都是不顾念他的亲属的，何况像李继迁这样犯上作乱、野心勃勃的人呢？陛下今日杀了他的母亲，明日是否就能捉住李继迁呢？"

"如果捉不到李继迁，白白地结下怨仇，反而越发坚定其叛逆之心。"

"所以，以臣愚见，最好将她安置在延州，好好款待，以此为诱饵来招降李继迁。即使他不投降，也可拴住他的心，他母亲的生死操在我们手中，料他不敢轻举妄动。"

宋太祖听了，连连点头称是，吩咐手下立刻照办。

后来，李继迁的母亲老死在延州，李继迁死后，他的儿子向宋朝称臣。

吕端之所以能成功地劝阻宋太祖，关键是他所引用的刘邦与项羽的典故，意在说明杀了李母并不能阻止李继迁叛逆，反而会加深仇恨。

爱迪生与他的发报机

——火线侦察法

所谓"火线侦察",就是先主动抛出一些带有刺激、挑衅意味的话题,激对方表态,从而可以根据对方的反应作进一步打算。

辩士舌锋常常集中在谈判桌上针锋相对的场合,然而知己知彼,百战不殆,谈判的开始,双方总是要千方百计地刺探对手的底细,从而调整己方的战线、策略,从而达到制敌先机的效果。

就如同象棋的先手是"当头炮"一样,"火线侦察"是探测对方底细的最常见也最直接的方法。

比如,甲乙就一个购销合同进行谈判,甲向乙提出了几种不同的交易品种,并一一询问这些货物的最低报价。乙一时搞不清楚甲的目的所在,甲这样的问法,既像是普通的打探行情,又像是在谈交易条件,既像是个一掷千金的大买主,又实在难以肯定。

面对甲的询问,乙的心里非常矛盾,如果据实回答,万一对方果真是来摸自己底的,那自己将极为被动。但如果仅仅是敷衍搪塞,又很有可能会错过一笔好买卖,万一对方还能成为长期的合作伙伴,那就是更加糟糕了。

在情急之中,乙决定运用"火线侦察法",弄清甲的真实意图所在。于是,他急中生智地回答:"我这里是绝对的货真价实,可就怕你只知道一味贪图便宜!"

我们知道,商界中奉行着这样的准则:"一分钱一分货""便宜无好货"。而乙的回答中,不仅暗含着对甲的挑衅意味,妙处还在于,只要甲一接话,他就很容易把握甲的实际情况。如果甲在乎货的质量,就不怕出高价,回答时的口气自然会比较大,另一方面,如果甲是在乎货源的紧俏,就急于成交,口气便会显得较为迫切。在此基础上,乙就很容易确定自己的方案和策略了。

但在有些时候,"火线侦察"也可能由于过于直接或刺激不当而造成了相反的结果,所以,仅以这一招一式闯荡江湖显然是太简单、太缺乏变化了,在这样的情形下,"沉默是金",则不失为有益的补充。

举世闻名的美国科学家爱迪生发明了电报机后,因为对行情不熟悉,也不知道自己的发明能卖多少钱。于是同妻子商量,他的妻子说:"卖三万。"

"三万!太多了吧?"爱迪生半信半疑。

"我看肯定值两万,要不,你卖时先套套对方口气,让他先说。"妻子提醒他。

爱迪生在同一位经纪商进行关于发报机技术转让的谈判中,当商人问到价格时,爱迪生心中总认为两万太高,不好说出口,总是沉默不答。商人忍耐不住,说:"那么,我开个价吧,十万元,怎么样?"

这一下大出爱迪生意料之外,于是当场拍板成交。这就是他在不自觉间运用了"沉默是金"的策略,取得了意料之外的良好结果。

沉默是一种无声的语言。在谈判中，当不熟知对方老底时，可以适当地运用沉默作武器，向对方施展心理攻势，同时给自己有回旋的余地，不失为两全其美的谋略。

当然，纵横生意场上的老手们往往是经验丰富、狡猾异常，单纯的表面上的战术是难以在他们身上打开突破口的，更多的时候，我们需要迂回，也需要深入。

在主客场谈判中，东道主往往利用自己在主场的优势，实施"迂回"的战术。日本的"经营之神"松下幸之助是"迂回"的行家里手：

松下公司和美国的客户谈一笔生意，对方在意向书中要的价码很高，为了达成对己方较有利的结果，他们出了新招：松下公司的员工们极力表现出自己的热情好客，除了将对方生活安排周到外，还盛情地邀请客人参观本地的山水风光，领略风土人情、民俗文化，而在对方陶醉于山水之间时，趁机提出帮对方订购回程机票。美方的代表不虞有诈，随口将自己的返程日期告诉了日方。松下掌握了美方的时限后，又尽量拖了一段，在美方将要回程前的谈判桌上开出了自己苛刻的条件，由于时间所限，无奈的美方代表只好作出了妥协。

另一方面，要把握问题的症结所在，"深入"是必不可少的探测虚实的手段。

例如，一笔交易（甲卖乙买），双方已经谈得比较满意了，但乙却是迟迟不肯签约，甲感到不解，于是他就采用"扫描式"的提问进行了深入的试探。

首先，甲证实了乙的购买意图。在此基础上，甲分别就对方对自己的信誉，对甲本人、对甲的产品质量、包装装潢、交货期、适销期等逐项进行探问。乙的回答表明，上述方面都不存在问题。

最后，甲又问到货款的支付方面。乙表示，目前的贷款利率较高。甲得知对方这一症结所在之后，随即又进行了深入分析，他从当前市场的形势，指出乙照目前的进价成本，在市场上销售，即使扣除贷款利率，也还有较大的利润可赚。

这一分析得到了乙的肯定，但是乙又担心，销售期太长，利息负担可能过重，这将会影响最终的利润。

针对乙的这点隐忧，甲又从风险的大小方面进行分析，指出即使那样，风险依然很小，最终促成了签约。

无论是谈判还是其他应用辩论的场合，如何想方设法探出对方底细都是关乎切身利益的重要问题。或直来直去，或迂回包抄；或莫测高深，或鞭辟入里，关键还是要适于不同的场合和适于不同的对手。当然，在试探对方的同时也必然面临着对方的试探，如何模糊自己的底线，抢占辩论中的有利位置，还有待于实践中的进一步磨炼。

见仁见智妙趣横生

——巫婆魔窗法

抛开约定俗成的含义束缚,从对己有利的一面别作新解,达到攻其不备、出奇制胜的效果。

有则土耳其童话,听来颇让人寻味:

一个巫婆守护着一面魔窗,过路的人只要交一块番薯或一块乳酪,就可以透过魔窗看一看。人们从中看到了什么呢?白发苍苍的老人看到的是年轻小伙子,年轻的小伙子看到的是美丽的姑娘,美丽的姑娘看到的则是华丽的新嫁妆……实际上,魔窗里一无所有,只是一间空空如也的小屋。

这则美丽的童话,同皮格马利翁效应有异曲同工之妙:希望看到什么就能看到什么,希望成为什么样的人就能成为什么样的人。辩论中的道理其实一样:抛开约定俗成的含义束缚,从对己有利的一面另作新解,达到攻其不意、出奇制胜的效果。

一个夏天的晚上,大哲学家、天文学家泰勒斯仰望着天空的星辰,边走边思考着天文学上的问题,一不小心掉进了坑里,引起周围的人哈哈大笑。其中一个饶舌汉幸灾乐祸地奚落泰勒斯说:"你自称能够认识天上的东西,却怎么连地上的坑都不认识而掉进去了呢?"泰勒斯从坑里爬起来,镇定地"回敬"说:"只有站得高的人,才有从高处跌进坑里的权利和自由。没有知识的人,本来就躺在坑里,又怎能从上面跌进坑里呢?"饶舌汉哑口无言,面红耳赤。

人从地上往坑里跌,从坑里往地上爬,这地面与坑里的高低差,使受奚落的泰勒斯联想到自己同奚落者水准的高低差,人品的高低差,于是从另一方面——坑的方面想,从而回击、讽刺了原来的奚落者。

为什么很多时候会有像这样"仁者见仁,智者见智"的故事产生呢? 同一作品,为什么不同的观众会有不同的看法? 同一问题,为什么不同的人会有不同的见解? 这是由于人们在不同

生 气

一位妇人喜欢生气,便去请教一位高僧。高僧把她带到禅房中,落锁而去。妇人气得跳脚大骂。骂了许久,高僧也不理会。妇人终于沉默了。高僧来到门外,问她:"你还生气吗?"妇人说:"我只为我自己生气,我怎么会到这地方来受这份罪!""连自己都不能原谅的人怎么能心如止水?"高僧拂袖而去。过了一会儿,高僧又来问她:"还生气吗?"妇人说:"不生气了,气也没有办法呀!""你的气并未消去,还压在心里,爆发后将会更加剧烈。"高僧又离开了。高僧第三次来到门前时,妇人告诉他:"我不生气了,因为不值得。""还知道不值得,可见心中还有衡量,还有气根。"高僧笑道。傍晚,高僧再次来到门前时,妇人问僧:"大师,什么是气?"高僧将手中的茶水倾洒在地上,妇人视之良久,顿悟,叩谢而去。原来,气就是别人吐出而你却接到口里的那种东西,你吞便会反胃,你不看它时,它便消散了。

的社会历史条件、不同的文化教育影响下,具有不同的素质和素养,具有不同的观察和思考问题的视角和视点。巧答巧辩,正是利用这面"巫婆魔窗",做出各种各样的、有声有色的文章来的。

里根当总统时,决定恢复生产新式的 B1 轰炸机,引起了许多美国人的反对。在一次记者招待会上,他面对一帮反对他这一决定的记者责问时,说:"我怎么就不知道 B1 是一种飞机呢?我只知道 B1 是人体不可缺少的维生素。我想我们的武装部队也一定需要这种不可缺少的东西。"里根这一语双关的回答,一时间使那些反对者们不知所措。

里根佯装不知"B1 是一种轰炸机",联想到符号相同或相仿的"B1 是人体不可缺少的维生素",说:"我想我们的武装部队也一定需要这种不可缺少的东西。"一语双关,摆脱了自己被动和尴尬的局面。

运用"巫婆魔窗"法,不仅仅可以在语义的多义上打圈子,有时还可以联系类比、联想等书中曾经介绍过的技巧。

一个人在市场上买了六只来自中国的麻雀,决定用它们去讨好国王。

按照这个国家的习惯,七是大吉大利的数字。要是送去六只,国王兴许会不高兴,要是国王真的发怒,那就更加麻烦了。

但是,中国麻雀只有六只,怎么办呢?他想了半天,决定混进一只本国麻雀,凑足七只献给国王。

国王一见,果然高兴。他仔细地把它们逐一玩赏了一遍,突然发现有一只本国麻雀混在里面,立即大怒,责问道:

"这是怎么回事?是不是你自恃博学多识,欺我寡陋无知?"

那人吓了一跳,但他马上回答:"陛下果然是火眼金睛,洞察分明，可这只本国麻雀是另外六只中国麻雀随行的翻译。"

这个人利用类比思维，做出了巧妙的别解——人出国需要有翻译，那么麻雀也不例外，那只本国麻雀就是一位翻译。正中有歪，歪中有正，几分正确，几分荒谬，国王见他奉承得体，便嘉奖了他。

这一策略的运用不仅适于辩论，很多时候还能起到促进沟通的效果。

一位光彩照人的女演员上台演唱，曲毕谢幕，可没走两步，就被麦克风的电线绊倒，娇美的身体与当时的狼狈相形成了强烈的对比，观众有笑有叹有哄。

这位女演员急中生智，站起身来，拿起话筒说道："我真正为大家的热情所倾倒了！"

顿时，噪声变成了笑声和掌声。

女演员急中生智，以"美"补"丑"，挽回了自己的面子。

还有这样一个故事：有一个富翁，左邻是铜匠，右邻是铁匠，成天叮叮咚咚的吵得很。富翁特地备了一桌酒席请他们搬家，左右邻居都答应了。等到两家都搬了家之后，叮叮咚咚声还是照旧，原来是左边搬到了右边，右边搬到了左边。富翁所说的"搬家"是指搬到一定距离之外的意思，可是照字面讲，只要把住处挪动一下就是搬家，两位高邻也确实没有失信。问题在于"搬家"这个词语可以有两种不同的解释，铜匠、铁匠就是利用这一点巧妙地愚弄了富翁。

可见，任何事物都有它的两面，我们也不妨用"巫婆魔窗"法看看本书所讲的故事：幽默，还是诡诈？幼稚，还是狡猾？就看是谁往"魔窗"里看了……

"巫婆魔窗"法的"解题""释义"需要"解"得有据,"释"的有理,从中要能看出几分机智,而不是浅薄的耍贫嘴。

发明家莱特的演讲
——一语惊人法

有时,简洁明快的一句话,即可以把意思说明白,而且达到给对方深刻印象的效果。这就是一语定音的雄辩技巧。

1903 年 12 月 17 日,是人类第一次驾驶飞机离开地面飞行的日子。美国发明家莱特兄弟完成了这一历史创举后,到欧洲旅行。

在法国的一次欢迎宴会上,各界名流庆祝莱特兄弟的成功,并希望他俩给大家讲讲话,再三推托之后,大莱特走向了讲台,而他的演讲只有一句话:

"据我所知,鸟类中会说话的只有鹦鹉,而鹦鹉是飞不高的。"

这句精彩的话,博得全场热烈的掌声。

莱特可以详尽地介绍自己科学发明的经过,也可以谈论科学家的实干精神。但他的一句话,已高度地概括了创造的艰难和埋头苦干的精神,就是这样一句话,已足以留给观众十分深刻的印象。

在第二次世界大战期间,荷兰被德国法西斯占领,荷兰流亡政府在伦敦设立总部。荷兰总理第一次会见英国首相丘吉尔时,他向丘吉尔只说了一句话:"再见。"

丘吉尔很敏捷的回答说:"先生,我真希望所有的政治性会见都如此简短而切中要害。"

荷兰总理的"再见",显然是表示他的临时政府将不继续留在伦敦,他们要告别英国,返回祖国,领导人民。

丘吉尔当然希望他们能回国领导抗战。因此,其他的话都是多余的了,丘吉尔理解并赞赏荷兰总理的这个"再见"。

到这里,就已经很容易的看出一句有分量的话重要的"定音"的作用了,但在实践中,要运用这一策略,还有一些需要注意的难于把握之处。

明朝才子戴大宾从小就聪明过人,8 岁时入私塾读书,老师便指着一把椅子出了一个对子:"虎皮褥盖学士椅。"以便考究他一番。

戴大宾随即对道:"兔毫笔写状元坊。"

老师高兴地收下了这个学生。13 岁时,戴大宾考中了举人。一天,一位大官员来见他的父亲,正巧戴大宾在院子里玩,客人还以为他是小学生,便顺口出了一个对子让他对。

客人说:"月圆。"

"风扁。"戴大宾脱口而答。

"风怎么是扁的呢?"客人问道。

"风能钻隙穿缝,不是扁的能过去吗?"

客人点头称是,接着又出了一个对子:

"凤鸣。"

"牛舞。"戴大宾又随口答道。

"牛怎么能起舞呢?"客人不解。

"古人说'百兽齐舞',牛难道不是百兽之一吗?"

客人连连竖起大拇指:"前途无可限量,前途无可限量啊!"

所以,难点之一就是,运用这种方法,要当下劈断才能一语惊人,令人欲罢不能,继而寻根究底的追问下去,从而,使自己的语言犀利达到以辩取胜的目的。

战国时,齐宣王问隐士颜斶:

"是我当国君的人高贵呢? 还是你这样的士人高贵?"

颜斶回答说:"当然是国君不如士人高贵呀!"

齐宣王一听,瞪大眼睛怒喝道:

"你这话有根据吗? 有根据的话我还可以饶恕你,要是找不出根据,可就别怪我对你不客气了。"

颜斶从容地说:"当然有依据。从前秦国出兵攻到齐国,他们的军队经过士人柳下惠的坟地时,发出一道军事命令说:'有到柳下惠墓地50步范围内去打柴煮饭或割草喂马者,一律杀头,绝不宽恕。'后来与齐国军队交战时,秦军又发出一道军事命令:'有谁能割下齐王脑袋,封他万户侯,同时奖赏黄金二万两。'从这两道军事命令中就可以看出:一个活着的国君脑袋,甚至还比不上一个死掉的士人坟堆上的一根柴草。"

齐宣王听后,点点头陷入了沉思之中。

另一方面,"语"不仅需要"惊人",引起对方的警觉和注意,还必须注意,所说的惊人之语千万不能是信口胡说,必须有一定的事实依据。

李自成与陈圆圆的对白

——就实回话法

事实未必胜于雄辩,然而没有事实为基础的雄辩只可能是空中楼阁,就实回话,"实"者为王!

面对眼前美女陈圆圆,李自成寻思着:"当年吴三桂、刘宗敏就是为了争夺号称色、艺、才三绝的陈圆圆而闹得满城风雨,这种'祸水'千万留不得。"于是下令:将陈圆圆拉出去勒死。

不待卫士们动手,陈圆圆自己站了起来看了李自成一眼后,冷笑一声转身就走。

李自成大喝道:"回来!你冷笑什么?"

陈圆圆又跪下,说:"小女子早闻大王威名,以为是位纵横天下、叱咤风云的大英雄,想不到……"

"想不到什么?"

"想不到大王却畏惧一个弱女子!"

"孤怎么会畏你?"

"大王,小女子也出身良家,坠入烟花,饱尝风尘之苦,实属身不由己。初被皇帝霸占,后被吴总兵夺去,大王手下刘将爷又围府将小女子抢来,皆非小女子本意。请问大王,小女子自身有何罪过?大王仗剑起义,不是要解民于倒悬,救天下之无辜吗?

小女子乃无辜之人,大王却要赐死,不是畏惧小女子又作何解释呢?"

李自成被问住了,无言以对,只好抬抬手:"你且起来说话。"

陈圆圆给李自成磕了头,说了声:"谢大王!"然后站起来:"就是为大王计,大王杀小女子也实为不智。"

"怎么不智?"

"小女子看宫中情形,大王有撤出京城打算,不知是也不是?"

"就算孤有这种打算,那又如何?"

"大王是想平安撤走呢,还是想被追袭而奔呢?"

"当然想平安撤走,又当如何?"

"大王,吴总兵为先锋,兵势甚锐,小女子听说他正向京师进逼。小女子蝼蚁之命,大王杀了我,于大王无丝毫益处;留下小女子,小女子感念大王不杀之德,当尽心竭力,使吴总兵滞留京师,不再追袭。大王可保全实力,全师而撤,巩固西京,不久又可东山再起。趋利避害,请大王三思。"

陈圆圆的话触到了李自成的心病,他不由身子前倾,问道:"你果真能使吴三桂滞留京师吗?"

"大王想必知道,吴总兵降而复叛,皆由小女子而起,大王杀了小女子,必然激起他更大的复仇心,以致日夜兼程,追袭不休。大王留下小女子,小女子指天立誓,千方百计也要使他滞留京城,不再追袭。小女子如有背信,天杀雷殛。"

"好!孤王相信你,留下好了。"

至此,李自成终被陈圆圆说服了。

那么,威镇四方,权倾一时的李自成,是如何在这杀与不杀

李自成与陈圆圆的对白

的辩论交锋中,被弱女子陈圆圆说服的呢?

首先,陈圆圆的陈辩是以"实际"出发的。当时的"实际"是什么呢?吴三桂进逼京城,李自成准备撤离;李自成的决策地位与高傲心理;陈圆圆身陷囹圄,任人宰割的难堪处境。

尽管死去的人没有一个逃回的,但人到死时总想活。当李自成下令勒死陈圆圆时,陈圆圆的求生本能,使她机智地选择一"看"二"笑"刺激李自成高傲的自尊心:"你冷笑什么?"

接着又用欲扬先抑的手法,用"想不到"三个字作悬念,道出"想不到大王却畏惧一个弱女子",以进一步用"激将法",激出一番解民倒悬、解救无辜的道理来。

通过这番身世自述和解救无辜的陈辩,他们有了相容的心理基础,李自成叫她"起来说话"了。

其次,陈圆圆的陈辩也是回到实际中去的。设身处地的为对方着想,替对方打算,说明杀她无益,留她有利——可让吴三桂滞留京师,不去追袭,医治了李自成的心病;加之她"指天立誓",信誓旦旦,李自成终于被说服了。

从实际出发,到实际中去,就是我们说的"就实回话"。语言本来就是思维和沟通的工具,是反映客观实际的。掌握了"就实回话法"的技巧,我们的辩论、言辞就会自然而然的机智、诙谐起来。

据传萧伯纳出名后,有个皮鞋店的老板想用名人效应做广告,请求萧伯纳允许以他的名字,做一种鞋油新产品的商标。

老板说:"这样一来,世界上千百万人都会知道你的大名了。"

萧伯纳立刻回答说:"没有鞋穿的人可例外呀!"

萧伯纳为什么能这么迅速、这么机智的作出妙答呢?他是从老板讲的"世界上千百万人",联想到"没有鞋穿的人",从实际出发,到实际中去,这不就是"就实回话"吗?

爱因斯坦对相对论的解释

——仿照讽喻法

> 比喻是天才的标志;天才的比喻关键在于贴切;贴切的比喻如果再能加上辛辣,则必会锐不可当!

诗歌离不开"赋、比、兴"这三种基本手法,这是读过诗的人都知道的文学常识。比喻也是最常用的文学手法,而聪明的雄辩家们也同样离不开说理生动的各种比喻手法,使深奥的道理变得通俗易懂、简单有趣,增加论辩的说服力,以达到说理服人的目的。

比喻重在"贴切",就是说本体和喻体要紧密联系,甚至是达到独一无二的紧密联系,爱因斯坦关于相对论的解释正是比喻的典范之作。

震撼世界的相对论,是科学发展史上划时代的里程碑。要用一个比喻将这样高深的理论说清楚显然不是一件轻而易举的事。晚年的爱因斯坦有一次是这样向青年学生们解释相对论的:"当你和一个美丽的姑娘坐上两小时,你会感到好像坐了一分钟;但要是你和一个很丑的老头坐在一起,哪怕只坐上一分钟,你却感到好像是坐了两小时。这就是相对论。"

毫无疑问,爱因斯坦比喻的贴切性是完美的,莫测高深的相对论在比喻的作用下,变得十分易于接受,这正是比喻化抽象为具体的巨大作用。

在这里,我们着重介绍的是比喻中的讽喻法,讽喻的特殊之处在于不满足于本体和喻体间的某一相似点,而是将喻体作为一个完整的内容来展开,通过展开的情节、故事内容和形象的描述等来作为联类取喻的基础。

讽喻的作用主要有两点:

一是委婉的规劝,起启发的作用。

二是辛辣的讽刺或谴责。

震惊中外的"七君子事件"中的史良,被指控参与策划、发动了"西安事变"。在法庭上,史良在与法官、检察官的论辩中,就运用了讽喻的论辩技巧。来看看他们之间的这段对话。

检察官:"在西安事变前,你们给张学良、宋哲元、韩复榘、傅作义发过电报,因此可以说,西安事变的发生与你们发的电报是有联系的,你们应该对此负责。"

史良并没有正面回答,也不去解释,或急于表明自己所发电报的内容与西安事变是毫无关联的,她平静的比喻说:

"就比如说一个刀店,每天都会卖出许多把刀。多数买了刀的人是用来切菜,但谁也不能排除有人会用买来的刀杀人的可能性。照检察官的意思,难道凡是杀了人的,都应该由刀店负责吗?"

刀店与发报者原本是"风马牛不相及"的两码事,而史良这样的回答不仅仅驳斥了所谓七君子的电报与西安事变有联系的说法,而且也巧妙回避了问题的实质内容。

一位台湾同胞对我们"一国两制、和平统一"的政策不太了解,于是问中国驻外的一位工作人员:

"台湾地区与大陆有不同的社会制度,你们为什么想把两者统一起来呢?"

中国的驻外人员于是先给他讲了这样一个故事:

有一次,佛教始祖释迦牟尼给弟子们讲授佛理,他问道:

"你们想让一杯水永远不干掉,有什么办法呢?"

一时全殿哑然,没有一个弟子能够回答出来。

释迦牟尼淡淡一笑:"把它放到大海里不就永远不会干掉了。"

弟子们茅塞顿开,恍然大悟。

这名驻外人员接着说:"你想想,作为一个国家不统一,四分五裂,怎么能在复杂的世界斗争中坚强站立呢? 台湾是一个小岛,只有回归祖国的怀抱,才有光明的前途。"

采用讽喻的妙处,往往更多的时候还体现在它"讽"的一面,并且,借用了比喻的形式,不但可以增加对自己命题的确证,也可以增加对手反驳的难度,因为对方不仅要反驳论点,还要设法反驳比喻。

1901 年,美国政府向公众宣称,为了保持军队所需的巨额费用,"准备实行节约",因此,必须削减公立学校的经费,马克·吐温采用讽喻的方法对此提出了反驳:

"而我们则认为,国家的伟人出自于公立学校。试看历史怎样在全世界范围内重演,这是多么奇怪。我记得,当我还是密西西比河上一个小孩子的时候,曾经有同样的事发生过。有一个镇子也曾主张停办公立学校,因为那太费钱了。有一位老农站出来说了话,说他们要是停办了学校,也省不了多少钱。因为每关闭一所学校,就必须多修造一座监狱。"

学校和监狱,马克·吐温的讽喻可谓无比的传神,至今也依然发人深省。

在中国古代,仿照讽喻的例子也有很多,《战国策·楚策》中"庄辛谏楚襄王"的故事就是其中的代表。

楚襄王自从其父楚怀王死于秦国后,不思发愤图强,反以小人为亲信,荒淫暴虐,结果遭到秦国连年的进攻,败兵削地。庄辛数次劝告楚襄王都被他拒绝。

后来,秦国又占领了楚国好几个城池,庄辛从前几次进谏失败的经历中吸取了教训,改而采用"仿照讽喻"法,再次进谏:

"君王您是否看见了那些蜻蜓,它们有六只脚和两对翅膀,在天地间飞翔,以蚊虫为食,以露水为饮,自以为与世无争,无忧无虑。然而,却被那些小孩子,制作捕虫网抓了下来,落得悲惨的下场。"

庄辛用蜻蜓只知食饮,自以为无患,放松警惕,结果最后成为了蝼蚁之食的可悲结局,暗喻襄王只知吃喝玩乐,必然导致后乱的道理。

接着,庄辛又用黄雀因啄食而坠于公子的弹弓之下,天鹅因游乐成了射手的佳肴,连设数喻,穷理析义,致使襄王认识到可怕的后果,终于纳谏转而发愤图强。

"仿照讽喻"在实践中屡试不爽,遥远的北欧还一度流传过这样一个笑话。

作家对厨师说:"你没有从事过写作,因此你无权对我的书提出批评。"

"岂有此理!"厨师反驳道:"你这辈子下过蛋吗,可却能尝出炒鸡蛋的味道,母鸡行吗?"

来俊臣依样画葫芦

——请君入瓮法

论辩的过程常常就是互设圈套的过程。赢到最后的人只会是那些相比之下更会设套的人!

在论辩中,用言在此而意在彼的方法,先提出一个或几个问题诱使对方说出或同意与你尚未说出的、准备坚持的观点相类似的观点,然后伺机运用类比、二难推理等方法,指出对方行为与观点、前言与后语相悖谬,使论敌陷入圈套之中而无法争辩的雄辩技巧,称之为"请君入瓮"法。

据《资治通鉴·唐纪》记载,武则天当政时,推行严刑峻法。

一次,有人告了周兴,武则天便命来俊臣审问。来俊臣请来周兴喝酒,假意向他请教审讯罪犯的先进经验。

周兴不知是计,醉醺醺地说:"这有何难,只要把犯人装进大坛子里,放在炭火上一烧,便会什么都招认了。"

来俊臣依计烧好炭火,备好一只大坛子,然后脸色一变,厉声说:

"周兴兄,有人告了你的状,请你老兄进瓮去吧!"

把周兴吓得面如土色,冷汗淋漓。

从此之后,"请君入瓮"便成了成语,特指诱使对手自掘陷阱,自蹈覆辙,自陷罗网直至自寻死路。

请看一例,在审讯冒牌记者乙的时候,审讯员甲是这样设瓮诱敌,戳穿其伪的:

甲:"你是干什么的?"(开门见山)

乙:"×报记者。"

甲:"你已经当了很久的记者吗?"(乘势深入)

乙:"是的。"

甲:"那一定写了不少报道吧?"(点火备瓮)

乙:"当然。"

甲:"那你最近发表了什么文章?"(请君入瓮)

乙:"这……"

甲:"看来,你是个冒牌货!"(揭穿老底)

乙:(汗颜,无言以对)

另一个故事同样是发生在审讯中。

某法院接到一案,案卷写着:

王某与郑某有隙。某月某日,王某从街上馒头摊贩李某处,买两个馒头,又买了砒霜放在馒头里,郑某吃后中毒而死,并附有馒头摊贩李某及药店刘某的证言。

司法人员询问李某:

问:"你认识投毒杀人的王某吗?"

答:"认识。"

问:"怎么认识的?"

答:"卖馒头时认识的。"

问:"郑某从你那儿买过几次馒头?"

答:"只有一次。"

问:"你一天能卖多少个馒头?"

答:"三四百个。"

问:"一个人一次大约买几个?"

答:"三四个。"

问:"这么说,你一天要接待一百多个顾客,是吗?"

答:"是的。"

问:"每个人来买馒头,你都问他叫什么名字,能认出他的容貌吗?"

答:"不,哪个卖馒头的会问顾客叫什么名字?"

问:"那么,你怎么知道王某的姓名的?"

误　　导

　　一个教授给一群学生出了这么一道考题:一个聋哑人到五金商店买钉子,先将左手两个手指做持钉状,放在柜台上,然后右手作锤打状。售货员递过一把锤子,聋哑顾客摇了摇头,指了指做持钉状的两个手指,售货员终于拿对了。这时候又来了一位盲人顾客……"同学们,你们能否想象一下,盲人将如何用最简单的方法买到一把剪刀?"教授这样问。"噢,很简单,只要伸出两个指头模仿剪刀剪布的动作就行了。"一个学生答道,全班同学也表示赞同。教授说:"其实,盲人只需开口说一声就行了。记住:一个人进入思维死角,智力就会在常态之下。"

来俊臣依样画葫芦

至此，李某无言以对，不得不如实交代了刑侦人员是如何诱供，自己不得已提供伪证的情形。

这里，司法人员利用询问生意情况的策略，使李某不知不觉步入瓮中。试想，如果他从正面进攻，又会得到什么结果呢？最大的可能就是李某按伪证再重说一遍。

战国时代的孙膑不仅是著名军事家，也是一位大谋略家，他指点田忌使他赛马胜了齐威王之后，齐威王便总想找个机会报复他一下，教训教训他。

有一次他们来到一座山脚下，齐威王突然心血来潮，就给孙膑出了一道难题，对他说：

"你能让我自愿走上山顶吗？"

孙膑笑了笑说：

"陛下，我实在没有能力让您自愿走上山顶，不过，如果您在山顶上的话，我倒是能让您自愿走下来。"

齐威王压根就不相信，心想无论怎样也不能主动走下山来，看孙膑能有什么高招。

于是，齐威王走上了山顶，而这时，孙膑说："陛下，我已经让您自愿上山顶了。"齐威王这才知道是中了孙膑的计。

使用"请君入瓮"必须注意以下三个问题：

第一，圈套要设好。

在揣摩对手心理状态的基础上，主动以进攻者的姿态发问，或假设其事，或虚言夸张，巧布疑阵，设好"口袋"，诱使对方上钩，为后面做好准备。

如上述司法人员与馒头摊贩李某论辩过程中的发问，就是精心设下的圈套，看似不着边际，实则暗藏机关。

第二,引诱要巧妙。

可以采用障眼法,巧布疑阵,不露痕迹,以免被对方识破而功亏一篑。当对方不轻易上钩时,便辅之以激将等法,来尽快诱使对方进入你预先设好的圈套。这是诱敌入瓮的关键所在。

第三,反击要有力。

一旦论敌已经进入"口袋",就应不失时机地扎紧袋口,迅速出击,瓮中捉鳖,不给对方以回旋的余地。

反击时要配以类比、归谬,两难推理等方法,与前面设下的圈套遥相呼应,由此及彼,抓住要害,给予有力的反击。

这三个要素紧密联系,互不孤立,你甚至可以在寥寥数语中漂亮的完成。

甲:"在你面前有道德和金钱,只能两者择一,你选择什么?"

乙:(故意地)"我选择金钱。"

甲:(得意地)"要是我啊,要道德,不要金钱。"

乙:"是的,谁缺什么就选择什么,你要的正是你缺乏的!"

来俊臣依样画葫芦

罗伯斯庇尔勇救少女

——强势进剿法

　　强势围剿的雄辩术，必须调查研究，详细掌握证据；必须站稳立场，选对角度；必须有计划、有步骤地提出问题，操纵进程；必须抓紧时机，及时出击；必须在高潮的时候，提出关键证据，让对手原形毕露，使案情真相大白。

　　攻破论敌主旨，强势进剿最为干净彻底。

　　我们来看一场法庭的辩论。

　　罗伯斯庇尔，是法国大革命时期的风云人物。他刚从巴黎大学法律系毕业不久，就救下了一个叫莫尔娜的姑娘。

　　莫尔娜因母亲病重去教堂祈祷，神父却乘人之危想要侮辱她，这位美丽善良的姑娘愤怒地给了他几巴掌。神父恼羞成怒，上法庭诬陷莫尔娜辱骂圣主。姑娘有口难辩，只能以死抗争。

　　听了姑娘的叙述，罗伯斯庇尔怒不可遏。他告诉姑娘，他愿为她申辩。

　　姑娘还告诉罗伯斯庇尔一件秘闻：当神父暴斥她侵犯圣主时，她将手上的宝石戒指摘下来，扔在了"圣主像"跟前，以求圣主的饶恕。那戒指价值连城，神父乘她祷告的时候掖入衲袖，且占为己有。戒指上有父亲买时让金石匠作的暗记。这些罗伯斯庇尔都暗暗记在了心里。

法庭上，一场正义与邪恶的交战开始了。

原告神父起诉说："莫尔娜那天直闯进教堂，跑到圣像前破口大骂，此罪天主难恕。"

罗伯斯庇尔：

"上帝曾经说过：世上最大的罪过，莫过于扯谎。摩西对于上帝，从未说过一句谎言。"

法官："你是说神父欺骗了上帝？"

"何止上帝！他也欺骗了法庭的正义，亵渎了法庭这块圣地！"

"有什么凭证吗？"

"请先让原告拿出证据！"罗伯斯庇尔愤恨地瞥了一眼装模作样的神父。

"诬赖！在上帝面前撒谎的是你！此事，我亲眼所见，亲耳所听！"神父一口咬定。

罗伯斯庇尔提出了关键的责问：

"请问，莫尔娜缘何辱骂上帝？"

神父一时语塞，半晌，才支吾说："这个，只有去问辱骂上帝的莫尔娜！"

莫尔娜道：

"我不知罪从何出，是神父的指证，只有他知道。"

这个先告状的恶人，在被告和辩护人的严正驳斥下，感到难以应付了，便假装虔诚地抬眼望了望屋顶，祷告几句后，扪心说道："上帝是有真知的，莫尔娜决不能诡辩申诉，再继续欺骗上帝!"

"上帝最良好的真知,是可怜无辜的儿女。请法官审查,莫尔娜没有去辱骂上帝,死罪岂能由亵渎法庭的人制订?"

罗伯斯庇尔说罢,递给法官一纸辩护词。

法官宣布休庭半小时,即与陪审正副官员作了研究,详审了罗伯斯庇尔的辩护词。

法官问神父:"你可有证人证词,听见莫尔娜辱骂上帝?"

"只有我一人在场。"

"莫尔娜神智清醒,你可见得?"法官问。

"见得"神父立即回答,他认为不回答莫尔娜神智清醒,就不好判她辱骂天主的罪。

岂料法官问道:

"难道一个头脑清醒的人,敢无缘无故跑到上帝的面前信口开河,辱骂上帝,这岂不是疯人院里跑出的疯子?"

"……"神父无言以对。

罗伯斯庇尔又趁机问道:

"请问神父,假设这一切是真的,你又做了些什么呢?"

"我便把她驱赶出教堂了。"

罗伯斯庇尔不无讥诮的再次提出要害的攻击:

"难道那几巴掌仅仅是对你驱赶的反抗?"

神父的脸红了。

罗伯斯庇尔进逼道:"如同法官所言,莫尔娜绝不是疯子,上帝不会相信你的鬼话!她是因为母亲病重去祈祷上帝的,想不到如花的美貌,没有让上帝看到,倒引来了一只恶蜂!"

罗伯斯庇尔请法官当场出示搜索的结果。

法官原不想暴露"戒指事件"，从轻处罚神父，但拗不过罗伯斯庇尔的一再要求，只好将宪兵警尉搜来的戒指拿出来。

　　神父还想狡辩，罗伯斯庇尔立即揭露："戒指的错环处，还有'莫尔娜'三个字。"法官检验，果然不假。

　　至此，案情真相大白了。

　　莫尔娜获释了，还获得了神父赔偿的一笔款项，重新获得了人生的幸福。罗伯斯庇尔，也从此名声大振。

　　神父本是神职人员，本该是受人尊敬的虔诚信徒，但他却利用"神权"做坏事，既想侮辱莫尔娜，又窃取了她价值连城的戒指，还要恶人先告状以进一步加害这位无辜的少女。

　　这是一场关系到蒙冤受害的无助少女能不能得到辩白和昭雪，做坏事的恶神父能不能得到惩处，正义能不能得到伸张，真理能不能得到维护的大辩论。

　　尤其神父身上的神圣光环，更增加了罗伯斯庇尔胜辩的难度。

　　罗伯斯庇尔通过与受害人深谈，充分掌握证据，连戒指错环暗记，均一一牢记在心。

　　恶神父是披着宗教的外衣做坏事的，罗伯斯庇尔就利用上帝的话来揭露他的谎言："上帝曾经说过，世上最大的罪过，莫过于扯谎。"妙在不直接点破。

　　但是不是说谎、伪善，还必须用事实来揭破，证明。

　　于是罗伯斯庇尔一步一步、环环相扣的提出关键性的质问："请问，莫尔娜缘何辱骂上帝？"

　　由于罗伯斯庇尔一语道出问题的关键，揭露问题实质，加之看到了他的辩护词，连法官也站过来了："难道一个头脑清醒的人,敢无缘无故到上帝面前信口开河,辱骂上帝？这岂不是疯人院里跑出来的疯子?"法官的责问,隐含了一个二难推理,莫尔娜头脑清醒,就不会无缘无故骂上帝;如果她是疯子,就不应该对她的行为判罪。

罗伯斯庇尔又抓住时机提出关键性的质问:"请问神父,假设这一切是真的,你又做了些什么呢?"看似给他退路,实为致命一击。

"难道那几巴掌仅仅是对你驱赶的反抗?"既是揭露事实,又点出要害。

"如同法官所言……"罗伯斯庇尔接着法官的话,作总结性陈述,"想不到如花的美貌,没有让上帝看到,倒引来了一只恶蜂"的生动比喻,幽默言辞,深刻却入木三分。

在辩论高潮中,罗伯斯庇尔要法官出示神父窃取的戒指,打开错环看到"莫尔娜"三字,终使案情大白。

己所不欲勿施于人

——移形换位法

"移形换位"法不仅可以赢得论辩,也有利于缓和对立双方的紧张气氛,在融洽的氛围中解决问题。很多时候就是这样,换一个角度,一切都变得不一样!

"己所不欲,勿施于人。"这原是先哲的古训。当论敌囿于私利,不顾事理,胡搅蛮缠的时候,不妨试用一下"移形换位"法,即将"他"易位成为"你""你"易位成为"他",然后逼其表态。

这样一来对方只好设身处地的检点自己,或者承认先前的"一叶障目,不见泰山"的错误。当然也可能仍然固执己见,在众人面前出乖露丑,陷入难以自圆其说的尴尬境地。

楚国攻打宋国睢阳,宋向晋国求救。

晋派大夫解扬去宋国传达命令,说晋军已经开拔,要宋人坚守城池。

可是,解扬在路上被楚人抓获。楚王威逼解扬对宋人说,晋国根本不能救宋。解扬为完成任务,就假意答应下来。

于是,他登上楼车后大喊道:"我是晋大夫解扬,不幸为楚所俘,他们威逼我劝诱你们投降。我假意应承,好借机传达消息,我主公亲率大军来救，很快就会到了。"

楚王大怒，认为他不守信用，喝令将解扬推出去斩首。

解扬面无惧色，理直气壮地答道："我根本没有失信，作为晋臣的我，如果取信于你楚王，必然失信于晋君。假如楚国有一位大臣公然背叛自己的王，取悦于他人，你说这是守信用好呢，还是不守信用好呢？好了，根本没什么可说的了，我愿意立刻就死。以此来说明楚国对外讲信用，对内则无信用可言。"

楚王听后怒气顿消，感慨地说："解扬真是个忠臣烈子啊！"就赦免了他。

解扬采用的就是"移形换位"法，即把他与楚臣的位置交换，就是说，如果楚国的大臣也像你（楚王）要求我做的那样，背主而媚外，你认为这是讲信用呢，还是不讲信用呢？这样一换，楚王反而由恼怒而转变为敬重，他的杀身之厄也自然消弭于无形。

一位行人在夜间行车跌入了坑中，受了腿伤。违法挖坑者却拒绝赔偿医药费。理由是行人自己不长眼才跌倒的，不关己事。行人据理辩解，挖坑者仍固执己见，毫不让步。

这时，一位路见不平者走了上来，以"移形换位"法对挖坑者进行了教育。他说："假如行路人在河里放了农药用来毒鱼，你喝了河水中了毒，是应该怪他自私放了毒却不通知别人，致人中毒，应予赔偿呢，还是应该怪你自己不小心喝了河水，活该倒霉呢？"

挖坑人将心比心，哑口无言，只好承认了自己乱挖路坑，又不设警告标志，致人受伤的错误，老老实实地偿付受伤人的医药费。

论辩中运用"移形换位"法,还可以以设问、假设的方式出现。论辩者除正面进攻外,一般是提出这样的问题:

"假如你碰到这类问题怎么办?"

"请问,如果你处在我们的立场,将对这个问题如何看待?你们也会作出像刚才那样的判断吗?"

"如果我换了你,我将不这么认为……"

由于是"易位"所作出的思考、反驳,因此简短的几句话就足以驳倒对方,还可令对方无可反驳。

清光绪元年,左宗棠受命督办新疆军务,率兵出关讨伐阿古柏,收复乌鲁木齐、和阗(今和田)等地。大军所到之处,入侵者望风而逃,眼看英帝国扶植的阿古柏政权摇摇欲坠,面临覆灭。

英国公使威妥玛找到左宗棠,说道:

"中华地大物博,以仁义立国,为什么容不下小小的阿古柏,非要斩尽杀绝,未免太不仁道了吧?"

左宗棠毫不示弱,反唇相讥道:

"贵国信奉天主,到处建教堂,讲人道,何不在英伦三岛划块土地,叫阿古柏立国活命呢?"

威妥玛当即面红耳赤,灰溜溜地走了。

左宗棠顺对方"讲人道"的论点,指出"何不在英伦三岛划块土地,叫阿古柏立国活命?"驳斥对方怎么只要求别人"讲人道",而自己却不"讲人道"呢?

寥寥数语,左宗棠便把英国殖民主义者的侵略本性揭露无遗。

1919年1月28日,美、英、法、日、意五国在巴黎讨论中国山东问题。日本代表牧野伸显态度傲慢,竟然提出五条件继承战败国德国在山东的权利。

应邀出席的中国代表顾维钧奋而作辞,他说:"孔子有如西方之耶稣,山东有如耶路撒冷,中国不能放弃山东正如西方不能失去耶路撒冷。"

顾维钧一讲完,巴黎和会三巨头——美国总统威尔逊、英国首相劳合·乔治及法国总理克里孟梭等上前握手道贺。顾维钧也因此声名鹊起,成就了后来的功业。

卡耐基巧言说服饭店经理
——欲擒故纵法

运筹帷惟之中,决胜千里之外,胸有成竹方能欲擒故纵。如果纵之难擒,则不免后悔莫及了。

美国著名的成人教育家卡耐基在纽约举办训练班时,用的是一家大饭店的礼堂。

训练班办到一半,他突然接到通知,要求他付出比原来多三倍的租金。后来打听到,原来是饭店经理为了赚更多的钱,打算把场地出租给另外的人举办晚会。

卡耐基找到了饭店经理,对他说:"假如我处在你的地位,或许也会写出同样的通知。因为你是这家饭店的经理,你的责任是让饭店尽可能多盈利。……大礼堂不出租给讲课的,而出租给办晚会的,你的确是获大利了,因为举行这类活动的时间不长,他们能一次付出很高的租金,比我给的租金当然多得多。租给我,显然你吃亏了。"

卡耐基松弛了对方的戒备情绪,缓和了气氛之后,继续说:

"但是,你要增加我的租金,结果将会是降低收入。因为,实际上等于是你把我赶跑了。由于我付不起你所要的租金,我势必再找别的地方举办训练班。要知道,这个训练班吸引了成千的有文化的、受过教育的中上层管理人员,这些人要到你的饭店来听课,实际上起了免费为饭店做活广告的作用。可以这么说,你即使花5000元在报纸上登广告,也不能邀请到这么多人亲自到你的饭店来参观,可我的训练班给你邀请来了,这难道不合算吗?"

在卡耐基的说服下,饭店经理放弃了增加租金的要求,让训练班继续办下去。

卡耐基辩说的成功,就在于采用了欲擒故纵术。先纵,给予认同,以取得彼此心理相容,使对方放松戒备。"但是"一转,直陈利害,比较得失,使其放弃了原来"增加租金的要求"。

"欲擒故纵"法体现的是机智和敏锐。它既需要智慧和耐心,更需要善于把握战机——当纵则纵,当擒则擒。这方面最能说明问题的例子,是发生在英国关于惠斯勒名画的法庭辩论。

美国画家惠斯勒(1834—1903)的一幅题为《黑色和金色夜曲》的画在英国伦敦展销。这幅画画的是流星在夜空中爆炸的情景,定价200美元。这幅画同惠斯勒的其他作品一样,落墨简洁,风格独特,不落俗套。

但是在一般人看来,这似乎是"毫不费力"画成的,因此在标价上,遭到了许多人的非议。评论家约翰·拉斯金攻击说:"……根本不应该准许近乎有意欺诈,缺乏修养而夜郎自大的艺术家之作品入选。以前我看见过,也听说过许多伦敦人的厚颜无耻,却从来没有想到会听说一个花花公子向观众脸上扔了一罐颜色而讨价200美元。"这位评论家还毫不客气的点出了惠斯勒的名字。

惠斯勒十分愤慨。一怒之下,他向法庭起诉,控告拉斯金犯了诽谤罪。

在法庭中,惠斯勒遇到了麻烦。检察长、被告的辩护人,他们都瞧不起惠斯勒的画,百般替拉斯金辩护。惠斯勒心中明白,自己能否胜诉,同检察长的关系极大。不能硬顶,只能智斗,以理服人,改变检察长的态度。

检察长挑衅地问惠斯勒:"你完成那幅'夜曲'要多长时间,能告诉我吗?"

对检察长的提问,惠斯勒完全可以用"与本案无关"为由拒绝回答,但他仍心平气和地说:"检察长先生,请再讲一遍。"听了惠斯勒平淡的回答,检察长立刻意识到自己提问的唐突,因此他有点不好意思地说:"我怕我是用了一个也许更适用于我自己职业的术语……"惠斯勒看出了检察长的窘态,索性给他一个台阶下:

"我记得,大约一天,要是第二天画没有干,就再补几笔。因此我该说,是工作了大约两天。"

检察长终于按捺不住了,他赤裸裸地表白了自己的无知可笑的观点:"两天的工作,要索价200美元吗?"

惠斯勒早料到检察长会像其他庸人一样,提出这样愚蠢的问题。他提高了声音，一字一句斩钉截铁地说：

"不，我要的是终生学识价。"

检察长顿时语塞，这才明白惠斯勒的真正意图，他从心里钦佩惠斯勒的机智和正直。

最后法官判拉斯金向惠斯勒致歉。惠斯勒打赢了官司，取得了道义上的胜利。

"终生学识价"回答得多好！

终生学识价，该有多少呢？1923年，美国福特公司的一台大型电梯发生故障，请侨居美国的德国专家施坦敏茨解疑。施坦敏茨在大型电梯旁走走、看看、敲敲、算算，整整两天过去了。最后施坦敏茨在电梯上划了一条线，减了十六圈，故障排除了。他在付款单上写道："用粉笔划了一条线，一美元；知道在哪里划线，29999美元。"

让检察长提"与本案无关"的问题，并且给他台阶下；回答了这个检察长不该提问的问题；这些都是惠斯勒机智的"纵"。

"不，我要的是终生学识价。"两天的劳动成果是终生学识的运用，是终生常识的结晶。而终生学识价，200美元哪会多？道理明确，理由充分。逼得对方没有退路，无言以对。这是惠斯勒把握时机，及时出击的"擒"。

欲擒故纵，终于胜辩。"终生学识价"也终在中外法庭论辩史上成了脍炙人口的名句。

烤肉上哪来的头发

——揭露马脚法

> 揭露马脚的前提是仔细观察,揭露马脚的手段要巧妙机智,揭露马脚的目的更是要揭而打之!

根据蛛丝马迹,揭露对方劣迹,指出问题实质,达到胜辩目的——这就是揭露马脚法。

《艺文类聚》中有这样的故事:

晋文公有一次吃烤肉,端上桌时,竟发现肉的外边缠绕着头发,便大发雷霆,唤来烤肉的厨子。

厨子知道烤肉上有头发是对晋文公的大不敬,是失职,要判死罪,就连忙跪下"认罪"说:

"臣该死!臣的罪有三条:其一,我切肉的刀锋利得如宝剑一样,肉切断了,可是却没有切断肉里的头发;其二,我用铁叉串起烤肉,反复翻动,却未发现有头发;其三,肉被烤得焦红最后被烤熟,可是缠在肉外面的头发却不焦。"最后他又提醒文公说:"是不是有人嫉妒我呢?"

晋文公听了这一番话,猛然醒悟,马上派人调查,果然是有人陷害厨子,于是晋文公严惩了那个家伙。

"马脚"是客观存在的,如何"揭露"却大有文章可做:

首先,聪明的厨子用抽象肯定、具体否定的方法,表示自己"认罪",以稳定晋文公情绪(这类似于本书中的"以退为进"法)。因为封建专制君主,操纵生杀予夺大权。出现烤肉上有头发的事故,厨子如不认罪,或认罪的话讲得不好,身家性命就可能毁于一旦。所以厨师开口就说:"臣该死! 臣的罪有三条。"

其次,用反证法,从反面证明自己观点的正确性。厨子的看法,是烤肉上有头发不是我的责任。与此相反的观点,是厨子的责任:快刀切不断头发,翻动看不见头发,烤肉烤不焦头发,而这三条罪都显然不能成立。根据充分条件假言推理的否定式,否定命题,就要否定条件,故烤肉上有头发是厨子的责任为假。而

露　馅

尼泊尔的一名猎虎专家曾讲过一件有趣而恐怖的事情:活动于丛林中的老虎,一般喜欢捕食肉质丰厚的动物,它们对人类兴趣不大。狭路相逢时,只要人类不主动采取攻势或是惊慌失措而引起误会,老虎通常是不会伤人的。然而,奇怪的是:一旦老虎吃过人肉之后,就会乐此不疲,见人就吃。像这种"食髓知味"的老虎,最具危险性。鉴于此,尼泊尔如果发生野生老虎噬人的意外事件,有关当局一定会派遣这位猎虎专家去把这只老虎生擒回来,关进动物园的铁笼子里,以策安全。有人好奇地反问:"尼泊尔国家野生动物园里有七八十只老虎,你又如何辨识哪只老虎曾吃过人肉?"猎虎专家答道:"曾噬人肉的老虎,一旦嗅到人气,看东西的眼神和走路的动作,都会有明显的变化,有经验的猎虎者一看便知。"瞧瞧,叱咤丛林中的老虎之所以会沦为"笼中客",全因为那眼神、那动作在无意识中出卖了它。

在烤肉上有头发,是厨子的责任与非厨子的责任,这对矛盾判断中,根据排中律其中必有一真,因而断定不是厨子的责任为真。至此,厨子才敢于提出真"马脚",是不是有人妒忌我呢? 通过调查,终于找到并且处置了元凶。

站在厨子的立场时,聪明的读者其实还有两点也是应该抓住的:一是烤前工序,要加一道"洗"。是否有头发,一"洗"即可见;二是有头发的原因,要加一"掉",切、翻、烤都不见,如果是烤好后"掉"下去的呢? 当然"掉"不会"缠",要写得推理严密、滴水不漏,这些细节是不能不作交代的。

因为"揭露马脚",往往正是通过这些被人忽略的"细节"发现问题的。

20 世纪 70 年代中,流传着苏州青年女工杜芸芸将 10 万元遗产捐赠给国家的动人事迹。可很多人都不知道,围绕着这笔遗产,还有过一场争夺激烈、旷日持久的官司。

原来,死者是一位老企业家,杜芸芸是死者的养女,长期服侍死者,并一起生活。然而,当死者入葬以后,原先素不来往的两家远亲却急匆匆赶来捡便宜了。他们撇开杜芸芸,合伙伪造遗嘱,企图瓜分遗产。后来他们又都想独吞遗产,就打起了官司。

诉讼开始后,其中一方的陈某又进一步提出死者生前向她家借过五十两黄金和二百条被面,必须先从遗产中扣除这笔欠款,然后再按遗嘱平分遗产。他提出了一些旁证,虽先后被审判员否决但仍不甘心。

有一天审判员突然问陈某:

"写遗嘱时顾××(死者)神志清醒吗?"

陈某一楞,随即想到,说神志不清,立的遗嘱是没有法律效力的。于是连忙回答:

"清醒,清醒!"

审判员接着又问:"那好,既然她神志清醒,现应记得欠你家的这一大笔债务。当时,你们日夜守在她身边,她既然能把遗产如何分配都写得那么详细,为什么不在遗嘱中写明偿还你的债务呢?"

陈某面对审判员这一突发性巧问和义正辞严的驳斥,顿时呆若木鸡,哑口无言。陈某的花招不仅没得逞,反而让审判员看出了伪造遗嘱的破绽。

这伪造遗嘱的破绽,即我们所说的"马脚",是怎么被揭露出来的呢? 就是通过对死者立遗嘱时"神志清醒吗"的细节提问,才使真相大白的。

死者生前立遗嘱时神志或者清醒,或者不清醒。

如果神志清醒,就不会不在遗嘱中写明偿还陈某的大笔债务,因此可见遗嘱是伪造的;

如果神志不清醒,立的遗嘱就没有法律效力;

所以或者遗嘱是伪造的,或者遗嘱是不具法律效力的。

严密的两种推理,有力地揭露马脚,犹如一面高悬的明镜,使"贪钱财"的"金钱豹"原形毕露。

"女人最合适的场所是在卧房"

——以退为进法

　　要进退有度方能进退自如,请不要忘记"退"的底线,一旦退得太多,后果很可能会不堪设想。

　　论辩如同拳击,为击败对方,必须讲究方式方法。伸直了胳膊去攻击,必然出拳乏力,缺少灵敏度,并且不易击中对方的要害。而先缩回来,再打出去的拳头,情景就截然不同了。

　　这样的道理启发我们,面对论敌的进攻,纵敌深入后再给予致命一击,更容易赢得最终的胜利。许多舌锋逼人的雄辩家,常运用这种"以退为进"的谋略,取得了意想不到的效果。

　　闻一多先生是一名正直而有威望的学者,当他转变为坚定的民主战士的时候,引起了反动派的恐慌,他们谣言惑众说:

　　"别听闻一多那一套,他还不是肚子饿得发慌,才变得那么偏激。"

　　闻一多听说后,坦然反驳道:"这话也有几分道理,我确实挨过饿,正是因为我挨过饿,才能懂得那些没有挨过饿的先生们所无法懂得的事情。正是因为我现在能够稍微吃得饱一点,有点力气,我就要把这些事情讲出来,是不是这就是'偏激'?让那些从来都是吃得很饱很饱的先生们,爱怎么说就怎么说吧。但是，我只知道国家糟到这步田地，人民痛苦到最后一滴血都要被压榨光，自己再不出来说说公正的话，便是可耻的自私。"

这里，闻一多先生用的就是"以退为进"法来回击敌人。他先承认自己确实挨过饿，表面上让了论敌一步，然后由此发动反击，说正是由于自己挨过饿，尝过挨饿的滋味，才真正懂得了很多的事情。

闻先生用揶揄的口吻嘲讽那些一向"吃得很饱很饱的先生们"，在国难当头，生灵涂炭的紧要时刻，不仅不说公正的话，反而对着正直的人们说三道四，大放厥词，真是助纣为虐，可耻至极！这样的反驳，深沉、坦诚，字字千钧，令对方根本无法招架。

"以退为进"法可分为两个部分：一是退，二是进。退，要退得有策略，退得积极主动，这需要论辩者胸有成竹，避开论敌的圈套；进，要找准对方立论的薄弱点，攻得有力，击中要害，使其躲闪不及，手足无措，自甘败北。

阿基诺夫人在同马科斯竞选菲律宾总统时，也曾使用"以退为进"法，赢得了选民信赖。马科斯讥讽阿基诺夫人缺乏经验，说"女人最合适的场所是在卧房"。阿基诺夫人沉稳地进行了反驳：

"我承认我的确没有马科斯那样欺骗、说谎、盗窃或暗杀政敌的经验。我不是独裁者，也不会撒谎，不会舞弊。我虽然没有经验，但我有参政的诚意。选民需要的就是一个和马科斯完全不同的领袖。"

这种高明的反击术，质朴温婉而又铿锵有力，一时倾倒了无数的选民。她的形象在竞选活动中光辉灿烂，而马科斯则在这种强大的攻势下黯然失色，最终沦于失败。

由上面两个故事，我们可以看出，"以退为进"法中的"退"和"进"两个面，在实际的论辩过程中，互为条件不可偏废。如果不退，反击就无力。试想假如闻一多不承认自己挨过饿，阿基诺夫人称自己早已具有从政经验，那不仅违背事实，而且也会使双方在一些枝节问题上纠缠不休。反过来说，如果退而不进，退也就失去了其应有的意义。

1945 年 7 月，中、美、英、苏四国敦促日本无条件投降的波茨坦公告规定，设立远东国际军事法庭，在日本东京对战犯进行审判。我国是受降国之一，梅汝璈作为中国的法官参加了审判。

开庭前，来自各国的法官们因为法庭上的座次排定问题发生了争执。

在审判法庭上居中坐首席的是庭长，而庭长已经由盟军最高统帅麦克阿瑟指定；由澳大利亚德高望重的韦伯法官担任。庭长之外还有美、中、英、苏、加、法、新、荷、印、菲的十国法官。庭长右手的第一把交椅，似乎已属于美国法官，为了庭长左手的第二把交椅，各国法官争执甚为激烈。

梅汝璈意识到他是代表 4 亿 5 千万中国人民和 4 百万死难同胞，来远东国际法庭清算战犯罪行的。面对这些各执一词，互不退让的八国法官，为了国家的尊严和荣誉，应该当仁不让。可是怎样才能争到第二把交椅呢？梅汝璈当众宣称：

"若论个人之座位，我本不在意，但既然我们代表各自的国家，所以我必须发电请示本国政府。"

一句话将各国法官惊呆了。试想九国法官都要请示本国政府，本国政府的指示来了，意见不一致又将怎么办？照这样根本不可能能排定座次。梅汝璈趁大家不知所以然的静场机会，正面提出了自己的观点：

"另外，我认为法庭座次应按日本投降时各受降国的签字顺序排列才最合理。今天是审判日本战犯，中国受日本侵害最严重，而抗战时间又最久，付出的牺牲最大。因此，有八年浴血抗战历史的中国应排在第二位。"

法官们的争论，众说纷纭，是因为没有一个排列座次的原则。而梅汝璈提出的中国应排坐第二把交椅的理由，是无可辩驳的。在场的法官们实在提不出什么异议。

可是，事情的进展并非设想中的那么顺利。开庭前一天的预演，庭长韦伯突然宣布入场顺序是美英中苏……。梅汝璈知道，如果预演时不据理力争，次日开庭的顺序就因袭排定了。他立即提出异议，并脱下黑色丝质法袍，拒绝登台。他说：

"今天预演已经有许多记者和电影摄影师在场，一旦明天见报，便是既成事实。既然我的建议在同仁中并无很多异议，我请求立即对我的建议进行表决。否则，我只能不参加预演，回国向政府辞职。"

庭长韦伯只得召集法官们表决，最后决定按日本投降书各受降国的签字顺序：美、中、苏……排定入场先后和法官座次。

梅汝璈以表面退却的姿态作为进攻的手段，即运用了"以退为进"法的技巧。开始时，梅汝璈见中国法官排不上第二把交椅，故意说"还需要请示本国政府"。这只是虚晃一枪，看起来不准备在此作正面争执，形式上在退让。但等到大家不知所措时，他见时机已到，立即转换为攻势，说出了一番中国法官应排在第二个座次的道理，义正辞严，无可辩驳。

可是，次日预演梅汝璈见发生将中国法官列为第三的变故，

161

立即提出抗议,声称要回国向政府辞职。这是"退",可是退中有进,提出了由各国法官表决的建议。由于他掌握了法官们表决必然要寻求一个举手赞成或否决的原则。而当时除了前一天梅汝璈曾经提出的排列座次的原则外,没有谁再提出其他原则。所以梅汝璈对表决的结果早已成竹在胸,稳操胜券。

周恩来的机辩谈锋

——妙语巧辩法

妙笔生花,妙语巧辩。"妙"来自于联想,来自于突破思维的局限。但这种"联想"和"突破"也必须注意"合理",更要"合适"!

雄辩家在一些特殊的场合,必须立即回答一些难以回答的或者是具有挑衅性的问题时,常常以某种巧妙的,往往有时是非逻辑的方式作出解答,从而摆脱困境的方法,即"巧语妙辩"法。

作为大国总理,周恩来时常处在记者的包围之中。面对来自四面八方的各种疑问,有时是带有侮辱性的提问,他都能泰然处之,巧妙的给以回答。或温文尔雅,绵里藏针;或欲擒故纵,巧设埋伏;或避实就虚,举重若轻,既维护了国家的形象,又向世界展示他那文雅坦荡的领袖风范。

一次,一位美国记者见周恩来案头放了一支美国"派克"牌

钢笔,便问道:

"总理阁下,您作为中国总理,为什么要用我们美国钢笔?"

周恩来淡淡一笑,回答说:

"这是一位朝鲜朋友在抗美战争中缴获的战利品,他要赠给我作个纪念,这么有意义,我当然得收下。"

另一个美国记者问周总理:

"你们走的路为什么叫马路?"

周总理诙谐地说:

"因为我们走的是马克思主义道路,简称就是马路。"

这个记者又问:

"我们美国人都爱仰着头走路,你们中国人为什么总是低着头走路?"

周恩来略加思索后回答:

"走下坡路的人总是仰着头,走上坡路的人自然是低着头了。"

这个记者听后,羞得无地自容。

他接着又问道:"中国人民银行有多少资金?"

这不仅牵涉着国家机密,语气中还明显含有讥笑我们国穷民弱的意思。周总理既不好厉声拒答,为此伤了和气,又不能和盘托出,泄露机密。

于是,他稍顿了一下,正色回答说:

"18元8角8分,中国人民银行信誉可靠,人民币币值稳定!"

全场的记者为之一呆:"这怎么可能?"

在记者还未转过弯来时,总理接着说:

"中国人民银行发行的货币面额为10元、5元、2元、1元、5

角、2角、1角、5分、2分、1分。这十种人民币加起来正好是18元8角8分。"

热烈的掌声立刻响了起来。

可见,"妙语巧辩"法看似答非所问,不合逻辑,实则以巧解困,妙趣天成。

"妙语"的来源主要是在于学会联想。可以是形象上的联想,也可以是逻辑上的联想,这样既能回避窘迫的话题,也能引发自己的主旨和意图,实有一举两得之效。

就像上例中,周总理的回答不仅回避了列举具体数字显现我国贫穷落后的尴尬,而且进一步说明了中国人民银行有全国人民做后盾,信誉卓著,不容置疑,坚定地维护了我国银行的地位。从具体的"多少"到抽象的"多少",周总理的联想,不仅使局面变得缓和、主动,而且维护了中国外交和金融的良好形象。

1972年,美国总统尼克松访华时登长城,因腿病只上了三个台阶,就无力再登了。

这时,偏偏有位记者走过来,想"将"他一"军":

"总统先生,您为何不登上最高峰?"

尼克松笑了笑说:

"昨天我与毛泽东先生的会见已经是最高峰了,何必再来一次高峰呢?"

记者的问话足够刁钻,大有猝不及防之势。可尼克松却抓住了其诘难的关键词"最高峰",然后突破了"长城最高峰"的本义局限,临时联想到"最高领导人的会晤是出访的最高峰(峰会)",一举摆脱了有心攀登却举步维艰的窘境。

生活中这样的故事也有很多。处处留心,常常联想,就自然会像他们一样妙语连珠。当然,还可以学一学克里斯蒂的例子。

著名的英国侦探小说作家克里斯蒂的第二个丈夫是一位考古学家。有人问她为什么找了一位考古学家呢?

克里斯蒂认为这样私人的事情,不仅难于解释,而且没有必要多说,但出于礼貌,又不好不作答。于是幽默地回答说:

"对于女人来说,考古学家是最好的丈夫,因为妻子越老,他越爱她。"

旁敲侧击投其所好

——敲山震虎法

"硬敲"易流于严肃,而"软敲"则可能被当作谄媚。千言万语,一字之差,当慎之又慎!

敲山震虎,指挥并制造攻击的声势,使隐蔽的对方惊恐害怕。因为老虎一般是在深山深洞之处隐蔽,深藏,不易射杀它,必须把老虎惊动出来,方可猎取。

这是我们对这个词语的本义理解。这里说的"敲山震虎",不是取本义,而是取喻义。

这是一种打击一点,震惊一方的机智口才。

敲山震虎,既可正面敲震,也可以从旁敲震:旁敲侧击。

这旁敲侧击,指不将说辩的本意从正面直接说出,而是从侧

165

面曲折地说出来,取得比正面争辩更大的效果。

赵王派平原君向楚国求救,平原君率领门下文武兼备的食客20人同他一起前往。但物色到19人,挑剩的食客中却再也选不出合意的人选了。

这时,毛遂主动地向平原君举荐自己。平原君说:"那些有才德的人处在世上,就像锥子装在口袋里,它的尖端立刻就会露出来。现在先生在我门下已经有三年了,我身边的人没有谁称道过先生,我自己也没有听到过先生的事迹,这说明先生没有什么出众之处啊!先生不够格,还是留下吧。"

毛遂回答说:"我是今天才请求被放到口袋里去呀!假若我早些能够处在口袋之中,就会整个锥锋都挺露出来,还不只是锥尖冒出来而已了。"

这就是人们熟悉的毛遂自荐的故事。

总的来说,自荐的话是很不好说的。说轻了,过分谦虚,不能给人留下深刻印象,达不到自荐的目的;说重了,过分自信,人家以为你傲,产生反感,根本就不接纳你。

毛遂自荐的话却旁敲侧击,形象生动:"臣乃今日请处囊中耳!"即请处在平原君接触的视野中,随行的20人的行列里,这是人才脱颖而出的环境和条件。接着又进一步说:"使臣早处囊中,乃脱颖而出,非将其未见而已。"充满自信,充满豪气,语不多,意蕴丰。预示如果去了楚国,定将有所作为。

这样的敲山震虎可谓是打击一点,震惊一方,但有时也可投其所好,使其就范。

《南亭笔记》中,也有这样一则幽默故事:

彭玉麟有一次路过一条偏僻小巷。一个女子用竹竿晒衣服,一失手竹竿坠落下来,正好击中彭的头部。彭大怒,厉声叱喝。

那女子一看,原来是彭玉麟,内心十分害怕。但她在慌乱中急中生智,连忙说:

"看你这副腔调就知道你是行伍里的人,所以这样蛮横无理。你可知道彭宫保就在这里！他清廉正直,假如我去告诉他老人家,怕要砍了你的脑袋呢!"

彭玉麟听了,马上转怒为喜,心平气和地走了。

这个地位低下的普通女子,失手打了权重势盛的彭宫保老爷,就是再赔礼道歉,恐怕也难脱祸殃。

可这位聪明的女子,情急之中用"投其所好术",佯装不认识彭宫保而大赞他的"清廉正直"。这顶高帽子撑起了他的高姿态,使事情有了戏剧性的转变:彭玉麟一走了之,骤起的风波也立即风平浪静了。

倘说,在"敲山震虎"法中,旁敲侧击往往是来"硬"的,如毛遂在平原君前的自荐;那么投其所好则往往是来"软"的,如晾衣服的女子,这两个人的共同之处,都是在危难之时,情急之刻,急中生智。由于对人性心理(谁不希望别人说好呢？尤其是在背后说)的把握,而采取了顺其心思,投其所好之术,使场面发生了戏剧性变化,这也算是"中国人的软性幽默"吧!

谐趣婉拒抢机截答

——以变应变法

> 定格定式的"一招鲜"早已不可能走遍天下，随机
> 应变，不拘一格方能应对自如，从容不迫。

如果说世界是个变化的万花筒，反应客观世界，表达和交流思想的语言也是个变化的万花筒，那么如何运用各种语言（口头的、书面的、辅助的，信号的）的辩论就更是一个变化的万花筒了。

辩论中如何适应这变化的万花筒，以变应变呢？

这就需要很机智的说话才行。

机智口才首先需要很会听话，听别人怎么说。然后需要很会思考，"是什么？为什么？怎么办？"最重要的是要反应灵敏，机智应对。

这里我们讨论的正是以变应变，主要介绍的是"谐趣婉拒"和"抢机截答"两大要诀。

我们很多时候，都会觉得明明心里不愿意，但碍于情面，不好意思张口说"不"，因而不得不去做些违心的事情。

那么，究竟该如何说"不"呢，这是很有讲究的也很有艺术的。

南唐郑文宝《江表志》讲，五代时吴国乐工申渐高，曾经奏乐曲侍宴，当时天久旱无雨。南唐开国君王烈祖李昪说："京城四郊之处，都说雨水充足，唯独都城所在的方圆百里地带大旱，这是怎么回事？"

申渐高说："雨怕抽税，不敢进城！"过不多久，朝廷征收市场税赋的部门发布了减免税额的命令。

南唐苛捐杂税，百姓苦不堪言。申渐高不是谏官，不能仗义执言。但他是乐工，他就利用乐工身份、侍宴机会，接过烈祖话头，说"雨怕抽税，不敢进城！"拟人生动，说理深刻，戏谑轻松，言辞幽默，终使"市征之命咸有减除"，显示了借用他物巧妙说"不"的神奇威力。

爱尔兰剧作家萧伯纳有一次接到一个小姑娘的来信说："您是我最敬佩的作家，为了表示敬意，我打算用您的名字来命名人家送给我的一条小狗，不知您能否同意？"

萧伯纳的回信说："亲爱的孩子，读了来信颇觉有趣，我赞成你的打算。但重要的是，你必须同你的小狗商量一下，看它是否同意。"

把你的名字用来作狗的名字，别说是大文豪，就是普通人，会怎么想呢？大发雷霆吗？大骂一通吗？如果萧伯纳也这样做，同他的身份，同他的发泄对象是和小姑娘相称吗？

萧伯纳叫她同根本不可能有结果的小狗商量，以表示自己的婉拒。不仅表现了他的宽容与大度，而且更表现了他的智慧和幽默。谐趣婉拒，情趣盎然。

这是萧伯纳对人说"不"的一例，另外还有对己说"不"的事例。

那是萧伯纳在访问苏联期间发生的事。一天早晨,他照例外出散步,一位极可爱的小姑娘迎面而来。萧伯纳叟颜童心,竟同她玩了许久。临别时,他把头一扬,对小姑娘说:"别忘了回去告诉你的妈妈,就说今天同你玩的可是世界上有名的萧伯纳!"萧伯纳暗想:当小姑娘知道自己偶然间竟会遇到一位世界大文豪时,一定会惊喜万分。

"您就是萧伯纳伯伯?""怎么,难道我不像吗?""可是,您怎么会自己说自己了不起呢? 请您回去后也告诉您的妈妈,就说今天同您玩的是一位苏联小姑娘!"

萧伯纳惊呆了,他意识到刚才自以为是了,态度也有些傲慢,不禁一时语塞,脸上顿时泛起一片红晕。回国后,萧伯纳逢人便深有感触地说:"一个人无论取得了多大成就,都不应当自负、自夸。对任何人,不管男女老幼,都应该平等对待,要永远谦虚,这就是那位小姑娘给我的终身教育。她是我的老师,我一辈子也忘不了她!"

可见,谐趣婉拒,既善于对人说"不",又善于对己说"不",以变应变,入微入妙。

辩论中的以变应变,除了谐趣婉拒之外,还有抢机截答之术。

一个小伙子麻木而自在地坐在"孕妇专座"的位置上,而孕妇则站在旁边被挤着。

聪明的年轻人就在他面前大声念道:"乃妇专座。"

小伙子纠正说:"错了,是孕妇。"年轻人立即告诉他说:"孕妇在这儿!"

聪明的年轻人路见不平,出言相助,故意将"孕"错读成

"乃"，既是讽刺小伙子无知识、无文化、不懂文明礼貌；一经叫错，他就抢机截答"孕妇在这儿"，大庭广众之中，众目睽睽之下，小伙子还能坐得住吗？

闽剧《洪武鞭侯》第七场谈道：朱元璋与太子朱标两人微服到民间察访时，不料在酒店中被不愿为官，甘当布衣的陈君佐认出来了。

朱元璋："店家，取上好菜饭。"

陈君佐：（闻声觉察）"啊！"

朱元璋：（见陈君佐）"先生不是淮阳陈君佐吗？"

陈君佐：（急离座，欲跪）"臣……"

朱元璋：（急阻）"寻，寻什么？莫非是寻酒寻肉？"

陈君佐："这个……"

朱元璋："彼此原是布衣深交，今日正可重温旧谊，何必多礼呢？"

陈君佐："这位莫非是太……"

朱元璋："他是太不知礼了。标儿，这就是我常常提到的陈君佐先生。"

朱元璋父子是到民间微服私访的，身份自然要保密。但不料在酒店被故交陈君佐认出来了。当陈君佐准备行君臣之礼而下跪，并口称"臣"的时候，朱元璋马上用近音、谐音的字，把话接了过去：

"寻，寻什么……"

可陈君佐还未醒悟，或对目前突发、突变的情况，一时不能以变应变，见了太子又问朱元璋："这位莫非是太……"

朱元璋不让他将"子"字讲出来，就抢机截答："他真是太不知礼了。"

　　以变应变，抢机截答，更使这戏剧场面的戏剧对话，充满了慑服观众的戏剧性。

一滴水中也能看见太阳
——小中见大法

　　多加观察、多加揣摩、多加联想、多加比较，"小中见大"绝对不是什么难事！

　　所谓"小中见大"，是说论辩者要善于从高层次上，以其敏感性和洞幽烛微的观察力，从要说的事理中，选取最典型、最有代表性、最能反映事物本质的那一点，触类旁通，引申扩张，上升到理论的高度，使其小而实、短而精、细而宏、博而深，令人回味无穷，收到片言以居要，四两拨千斤的感染启发，小中见大的论辩效果。

　　有一次，孟子去见齐宣王，谈起治理国家的道理，两人有这样一段对话：

　　齐宣王："像我这样的人，能够使百姓们安居乐业吗？"

　　孟子："当然能了。"

　　齐宣王："为什么呢？"

　　孟子："我曾听说过一件事：您坐在大殿之上，有人牵着牛在殿前走过。您问：'把牛牵到哪儿去？'禀报说要杀牛祭神。您就劝那个牵牛人把牛放生。因为你看见牛哞哞嗦嗦可怜样子，毫无罪过，却要被送进屠宰场，实在是于心不忍。于是那人问：'是不是把牛放了，不祭神了呢？'你说：'就换只羊吧。'不知道是不是真有这回事呢？"

齐宣王："有的。"

孟子："凭这种好心就足以统一天下了。老百姓不知道的还以为大王是吝啬一头牛，其实我早知道您是于心不忍。"

齐宣王："对嘛，怎么百姓这么多心呢？齐国虽然不大，何至连一头牛也舍不得？我就是实在不忍心看着那头牛哞嗦可怜的样子，所以才用羊来代替它。"

孟子："不过，百姓说大王吝啬，您也不必奇怪。羊小牛大，老百姓自然就以为是大王吝啬了。哪能体会到您的深意呢？而且，即便牛没有过错，可羊也同样没有啊！如此说来，宰羊和宰牛又有什么区别呢？"

齐宣王："这我也不太明白，反正我的确不是因为吝惜钱财而用羊代替牛的。你这么一说，百姓的话倒真是有点道理了。"

孟子："其实这很容易解释的。大王的这种不忍之心正是源于仁爱。为什么舍不得宰牛却宰了羊呢？因为您亲眼看见了那只牛，却没有看见那只羊。君子对于飞禽走兽看见它活着，就不忍心再吃它们的肉，这也正是君子们之所以把厨房设在远离自己的地方的道理。"

齐宣王："哦，对啊，你这么一说，我的心便豁然开朗了。"

从"牛羊之争"到"治国之道"，孟子的"小中见大"法很容易让齐宣王明白了自己的"不忍之心"的局限性。

一滴水中也能看见太阳

　　论辩中运用"小中见大"法要注意选准突破口。从军事的角度来看，"突破口"是集中兵力于敌人最要害、最敏感而又是最易击破的一点。论辩上的"突破口"也具有类似的属性。它应是关联着全局、最容易着力突破的"一点"，也是最敏感、最准确、牵一发而动"全局"的"一点"。

　　在一场辩题为"对外开放是否带来了走私贩私"的辩论赛中，一方坚定地认为：

　　"走私贩私，是对外开放带来的必然结果！"

　　另一方则对此进行了严厉批驳：

　　"如果你的说法能够成立的话，那么我的感冒就是开了窗的缘故。那么为什么开了窗之后，有些人感冒，更多的人却身体健康地领略着大好春光呢？这答案只能从自身去寻找了。同样，改革开放了，其目的就是在于利用当前国际上的有利条件，借西方发达国家的财力、物力之水灌溉我国现代化之花。我们一是主权在握，二是开放有度。问题是国内有些不坚定分子，看见金灿灿的洋钱洋货眼花缭乱，犹如蝇之趋腥，营营追逐，这又能怪谁呢？"

　　这就是利用"小中见大"法，抓住了感冒与开窗这一小事，阐发了走私和对外开放的关系，颇具说服力。

　　我们需要注意的是，运用这一技巧，"小"的选择一定要有代表性。正如一位作家所说："一滴水中见太阳，贵在'一滴'。若是一池水中见太阳，那就算不得高明。当然，我们所说的'一滴'必须是具有典型意义的'一滴'，是有声有色的'一滴'。"只有选中有代表性的"小"，才能"见一叶落而知岁将暮"。

　　所以，从本质上说，"小中见大"法就建立在"小"与"大"的对比基础上。仅就这一点，其实与"以类相比"法也有共通之处。

周僖王二年，齐桓公派使臣去周天子那里告状，说宋桓公目无天子，不听号令。请周僖王出兵，讨伐宋国。周僖王答应了，率领诸侯大军浩浩荡荡开到宋国边界。

大夫宁戚对齐桓公说："主公奉天子的命令，会合诸侯，最好是先礼后兵，您让我先去劝宋桓公讲和，怎么样？"齐桓公答应了。

宁戚见了宋桓公，深深行了礼。宋桓公却不动声色，置若罔闻，气氛十分紧张。宁戚见此情景，抬起头来长长地叹了口气。

宁："宋国真危险啊！"

宋："你这话什么意思？"

宁："在您看，您和周公相比，谁更贤明？"

宋："周公是圣人，我怎敢和圣人相比呐？"

宁："在周公最强盛的时候，听说有人来见他，即使正嚼着饭，也急忙把饭吐出来，去会见客人。即使这样，他还怕失礼。可是，您怎么做的呢？宋国这样衰弱，国内甚至还接连发生过杀死国君的事情。您的王位并不可靠，就算您像周公那样礼贤下士，有本事的人恐怕也不愿意到您这儿来。何况您还这样傲慢呢！宋国的处境还不危险吗？"

宋桓公极为惭愧："先生千万不要介意，我实在缺少治国经验……"

以"周公吐哺"的小事令一方霸主低头，语言的魅力正在于此了。

一滴水中也能看见太阳

一个鸡蛋能作为家当吗

——以虚掩实法

　　以虚掩实,甄别真假,命题模拟,不容混淆——牢记这四句,就牢记了"以虚掩实"法的精华所在。

　　虚与实,原是中国古代哲学的术语,后多用于艺术创造与艺术鉴赏方面。从艺术创造与现实生活的关系看,生活是客观存在,是实;艺术是审美意识,是虚。就艺术作品本身而言,形象是一个虚实相生的多层结构。艺术中的虚与实,还因为观察角度的不同,而又有多种表现形式。如艺术手法中的详与略,直接描写与间接描写等等。

　　我们讲的辩论技巧"以虚掩实"法,就是指论辩中的以心掩物、以神掩形、以抽象掩具体、以略述掩详述等,使语言含蕴更加丰富、更加深刻,更加有力也更加有效。

　　唐德宗时,刘玄佐屡建战功成为汴州节度使。玄佐性情豪爽,轻财厚赏,士卒乐为所用。就在他镇守汴州时,有人向他进谗言,说军将翟行恭如何如何。玄佐一听就火了,立即把翟行恭拿下,要杀他。这时,处士郑涉闻讯,马上要求见玄佐。郑涉这个人善于用开玩笑的形式隐藏要说明的问题和事理。他见刘玄佐后就说:

"听说翟行恭已依法受刑,请将他的尸首让我看看行吗?"刘玄佐听了非常奇怪,就问郑涉是他的什么人,为什么要看尸首。郑涉回答说:

"过去,我曾听人家说,冤死的人面容异常。可是我从来也没有见过,所以想借来看看。"

刘玄佐这才醒悟过来,命人把军将翟行恭放了。

一桩冤案,就在郑涉的一席玩笑话中解决了,神!

神在哪里? 神在以虚掩实上:以"看其尸首"之虚,掩"为其伸冤"之实。刘玄佐的论证也是虚的:论点是"要杀"翟行恭,论据是"如何如何"(不仅是虚的,而且是假的),论证是"拿下"的行动(辅助语言)。故而郑涉会以虚对虚,以虚掩实,舌战中有既使对方感到意料之外,又使对方感到确在情理之中的独特

自　知

古希腊有个青年认为自己比大哲学家苏格拉底还聪明。有一天,苏格拉底问他一个问题:"世间是先有蛋还是先有鸡?"青年人不假思索地回答:"鸡是从蛋里孵出来的,自然是先有蛋啦!""蛋是鸡下的,没有鸡,蛋从哪里来?"苏格拉底问。青年人想了想说:"那还是先有鸡!""你刚才已经说过,鸡是由蛋孵出来的,没有蛋,鸡从哪里来?"苏格拉底又问。年轻人抱怨说:"你怎么提出这样一个怪问题呢? 现在我也问你一个问题。""请说吧。""你说是先有蛋还是先有鸡?"苏格拉底老老实实地回答:"我不知道。"青年笑了:"这样看来,你和我其实差不多啊!"苏格拉底说:"不! 你是以不知为知,我是以不知为不知,以不知为知非知,以不知为不知非不知矣!"

一个鸡蛋能作为家当吗

效果。

其实对于虚与假而言,也是一个关系到真与假的问题。因而以虚掩实,同时也关系到真假模拟的问题。

明代江盈科的《雪涛小说》中,有一个以鸡蛋做家当的故事:

有户非常穷的人家,朝不保夕。一天,丈夫偶然拾到一个鸡蛋,欣喜若狂,赶忙跑回家去,对他妻子说:"我们有家当了!我们有家当了!"妻子忙问家当在哪里,他拿出鸡蛋一晃说:"这就是!"于是他扳着指头跟妻子细细地计算起来!

"我拿这个鸡蛋借邻居母鸡孵化一下,孵出鸡来,就会下蛋。每个月可以得15个鸡蛋,然后再孵成小鸡。两年内,鸡再生鸡,就可以得到300只鸡,能卖10两金子。用这10两金子买5头母牛,3年可得到25头牛。牛再生牛,又过3年,就能发展到150头,可以得到500两金子。我用其中2/3买房置地,1/3买奴婢、娶小老婆。我和你就可以悠哉游哉的过上神仙一样的日子了。"

妻子一听说他要娶小老婆,勃然大怒,一拳就把鸡蛋打碎了,还没好气的怒道:

"趁早打碎它,免得留下祸根!"

丈夫一看鸡蛋被打碎了,所有的美梦霎时成为泡影,便揪住妻子狠狠地揍了一顿。然后把她拥送到官府,向县官告状说:

"这个恶妇把我的全部家产都毁了,请老爷把她杀掉,以正典刑!"

县官问:"你的家当在哪里?又是怎么被这个妇人毁掉的?"

丈夫便从捡到鸡蛋说起,要如何如何发家,一直谈到"娶小老婆"为止。县官听了,心中暗自好笑,表面上却一本正经地说:

"这么大的家产竟被这个恶妇一拳毁掉,太可惜了,实在该杀!"于是宣布判处"烹刑",命令支起大锅,把这个"恶妇"煮了。

妻子大声喊冤:"他所说的家产都还是不一定的事,怎么就把我煮掉?"

县官说:"那么你丈夫说的娶小老婆也是不一定的事,你怎么就妒忌了呢?"

妻子说:"虽然是这样,还是早除祸根比较放心。"

县官笑着把她释放了。

大家知道,模拟判断是断定事物情况的可能性、实发性或必然性的判断。因而模拟判断可分成或然判断(可能判断)、实然判断和必然判断。

模拟论证技巧,就是运用命题中的模拟知识进行论辩以制服论敌的方法。可是有的诡辩者,往往通过混淆命题的模拟来达到诡辩的目的。所以揭露这种诡辩的论证,首先必须甄别其推理前提的模拟命题。

丈夫的发财梦,一连串据以推理的前提,一直到"得五百两金子",都是或然判断,而不是实然判断,以至必然判断。他把可能的命题当成必然的命题,并以此罗织罪名还大打出手,这是十足的蛮横与诡辩。

当然那个"倒翻了醋坛子"的穷汉妻,她赖以推断的前提也是这样的或然判断,所以当她鸣冤叫屈"他所说的家产都还是不一定的事"时,县官立即驳回她"你丈夫说的娶小老婆也是不一定的事"。

林肯智救朋友的儿子

——腹背夹击法

"腹背夹击"法是指为了在论辩过程中驳倒对手，提出一个只有两种可能性的前提，迫使对方在两种可能中加以选择。而事实上，无论对手选择哪一种前提，推论出来的结果都对其不利，因而陷入左右为难，进退维谷的境地。

林肯在就任美国总统之前是一个著名的律师。他曾为他朋友的儿子小阿姆斯特朗出庭辩护。在下面的盘问中，他成功地戳穿了证人福尔逊的谎言。而这次的辩护也因此成为佳话，流传至今。

林肯：你肯定死者是小阿姆斯特朗杀害的吗？

福尔逊：是的。我在 10 月 18 日晚上亲眼目睹小阿姆斯特朗用枪击毙了死者。

林肯：你发誓认清了是小阿姆斯特朗？

福尔逊：是的。

林肯：你在大树东边的草堆后面，小阿姆斯特朗在大树下面，你们相距二三十米，你能看得清楚吗？

福尔逊：看得很清楚，因为当时有月光，月光很明亮。

林肯:你肯定不是从衣着等其他方面认清的吗?

福尔逊:不是的,我肯定看清了他的脸。因为月光正照在他的脸上。

林肯:具体时间也肯定吗? 是晚上11点吗?

福尔逊:完全可以肯定。因为我回到屋里看了时钟,那时正是11时15分。

林肯询问到这里,转身对旁听的人们说:"我不能不告诉大家,这个证人是一个彻头彻尾的骗子!"

他接着说道:"请注意,他一口咬定10月18日晚上11时在月光下看清了被告人的脸。请大家想一想,10月18日那天是上弦月,晚上11时,月亮早已下山了,哪里还有月光? 退一步说,也许他记的时间不准,月亮还没有下山。但是,那时月光应该是从西边往东边照,草堆在东,大树在西。如果被告人脸朝草堆,月光就只能照着他的后脑勺。脸上照不到月光,证人怎么能从二三十米外的草堆处看清被告人的脸呢? 如果被告人脸朝西,月光可以照到脸上,但证人在大树东边的草堆后面,那么证人也就根本不可能看到被告人的脸了。"

人们沉默了一会儿,接着,爆发出一片掌声和欢呼声。

林肯的质证中包含了这样的两难推理:

如果被告人脸面向草堆,脸上照不到月光,则证人看不清被告人的脸。

如果被告人脸背向草堆,证人在大树东边的草堆后面,则证人根本看不见被告人的脸。

被告人的脸只能要么面向草堆,要么背向草堆。

所以,证人必定是在说谎。

181

由此我们知道,要正确运用"腹背夹击"法必须注意以下三个条件:

第一,前提中,条件命题必须真实。

第二,分析命题必须将某个方面的情况列举完全。

第三,必须遵守条件命题,析取命题的有关推演规则。

请试从这三个方面分析以下的实例。

恩格斯曾经批判杜林歪曲马克思的《资本论》:

"如果杜林先生仍旧硬说,马克思所说的剩余价值,'用通常的话来说,是资本赢利',如果肯定马克思的整本书都是以剩余价值为中心的,那么只可能有两种情况:或者他一点也不懂,这样,对这本书的内容一无所知,却要加以诋毁,这可需要极端的厚颜无耻才行;或者他都懂,这样,他就是故意捏造。"

杜林先生如果说他不懂,就得承认自己厚颜无耻;如果说他都懂,就得承认故意捏造。

而故意捏造也是厚颜无耻。二者必居其一,对任何一面承认或否认都不行。

另外,在运用"腹背夹击"法的雄辩技巧时,如果能抓住对方言行相悖的致命弱点,进行反击,则更为有力。

几乎在所有的论辩场合我们都可以看到"腹背夹击"法的应用,大到国际争端,小到为己脱罪,无一例外。

从前有个县官非常可恶,凡是来打官司的,如果不给钱,就被打得死去活来。

当地有个艺人编了出戏,叫《没钱就要命》。

演出那天,县官也来看戏,一看演的是他,当时就火了,没等戏演完,命令衙役把这个艺人传来审问。

那个艺人听说县官传他，就穿了龙袍，大摇大摆地跟着去了。

县官一见艺人带到，便把惊堂木一拍，喝道：

"大胆刁民，见了本官为何不跪！"

艺人指了指身上的龙袍："我是皇帝，怎么给你下跪？"

"你在演戏，分明是假的！"

"既然你知道演戏是假的，为什么还要把我传来审问？"

短短的对答，艺人使用了"腹背夹击"法。他假设了"演戏是真的"与"演戏是假的"两种情况，是真的则无须下跪，是假的则没有理由被审问。

县官被问得张口结舌，只好看着艺人大摇大摆地走出了县衙。

是否想起了那个流传许久的寓言？道理早已由前人告诉了我们：

一楚人掀起盾与矛，楚人称："吾盾之坚，物莫能陷也。"又誉其矛："吾矛之利，于物无不陷也。"或人曰："以子之矛，陷子之盾，何如？"

楚人弗能应也。

宋太祖杯酒释兵权

——指桑骂槐法

　　指桑骂槐,原意指不正面的直接骂人,借别的方面来作影射。在这里还可以理解为:对不服从我的人,可以借责备他人的方法,来暗中警告他,使其听我调遣。

　　打蛇要打七寸,进攻要攻要害,而辩论要抓住并攻击对方的逻辑错误,还可机智地采用"指桑骂槐"的技巧。

　　这来源于兵法《三十六计》中的指桑骂槐:"大凌小者,警以诱之。刚中而应,行险而顺。"意谓:"强大的慑服弱小的,要用警戒的方法来诱导他。适当的强硬,可以得到拥护,施用险诈,可以得到顺从。"

　　唐宪宗曾问李绛:"谏官中有很多人毁谤朝政,却没有事实根据,我想贬斥其中一两个言辞较激烈的,来儆戒其他人,怎样?"

　　李绛回答说:"这恐怕不是陛下的想法,一定是奸邪的臣子用这种话来蒙蔽您的耳目。大臣的生死,取决于君主的喜怒,因此敢开口谏净的又有多少? 即使有劝谏的,事前也要昼思夜虑,把准备说的话早晨删去一点,晚上又删去一点,等到呈奏上来时,剩下的根本不到十分之二三。所以君主孜孜不倦地寻找谏言,还怕找不到。何况还要加罪于敢谏的人呢? 像陛下刚才所说的那样去做,就会杜绝天下人的正直言论,这不是社稷之福啊!"

宪宗赞扬了李绛的话,取消了惩办进谏者的打算。

唐宪宗与李绛这番争辩都是用"指桑骂槐"法:宪宗的指桑骂槐是为了杀一儆百,所谓"贬斥其中"一两个言辞较激烈的,来儆戒其他人;李绛的指桑骂槐,是将宪宗的想法推说是"奸邪臣子"的,并且说是奸臣"用这种话来蒙蔽皇上的'耳目'",跟李斯在《谏逐客书》中讲"臣闻吏议逐客",把秦王驱逐一切客卿的过错推到官吏们身上一样,使对方容易接受,把摆明的事实、诉说的道理,真正说到对方的心里,从而达到胜辩的目的:唐宪宗终于取消了惩办进谏者的打算。

"指桑骂槐"法,也可以说是言在此而意在彼,虚声东而实击西,假托别人的名义,达到自己的目的。

宋太祖杯酒释兵权,就是一个典型的事例。

宋太祖夺了天下不久,就问赵普:"从唐末以来,几十年间,换了十几个皇帝,征战不息,其原因何在?"

赵普回答说:"因藩镇的势力太强大了,皇帝势弱而臣子势强,自然无法控制局面。今天只有稍微削减他们的权力,控制他们的钱粮,收编他们的精兵,天下自然就会安定。"

话未说完,太祖就说:"你不用再说了,我已经知道。"过了不久,太祖和老友故将石守信等人饮酒,酒酣耳热之际,命令左右伺候的人退下,对他们说:

"我如果不依靠你们的力量,不可能有今天的金殿龙袍,我将永远铭记你们的恩德,每时每刻都不忘记。然而做天子也十分困难,简直不如当节度使快乐。我现在整夜不安枕啊!"

石守信等人问："为什么呢?"太祖说："这不难知道,身居我这个位置的人,谁不想将我干掉。"

石守信等人惶恐万分,向太祖叩头说："陛下为什么说出这样的话呢?"

太祖说："不是这样吗? 你们虽然没有这个野心,但你们手下的人想富贵啊! 一旦他们将皇袍给你们穿上,就是想不做皇帝,也是不可能的了。"

石守信等人都叩头哭泣道："我们虽愚蠢之至,还未到这种地步,只求陛下怜悯我们,给我们指出一条生路。"

太祖于是说："人生短暂,如白驹过隙。想求富贵的人,不过多得些金钱,使自己优裕享乐,使子孙不受贫乏之苦。你们何不放弃兵权。选择些好田宅买下来,为子孙创立永久的产业,多多购置一些歌姬舞女,成天饮酒作乐,以终天年。我们君臣之间也免去互相猜忌怀疑,不也很好吗?"

石守信等人再次拜谢太祖："陛下能替臣等考虑的这般周到细致,真所谓同生死的亲骨肉啊!"

第二天,他们几个人都以自己有病为由,无法继续任职,请求太祖解除了他们的兵权。

自中唐两百多年以来,藩镇割据,其势日盛。宋太祖在举杯谈笑之间解决了这个弊端,难道这不是转天移日的大手腕吗?

而宋太祖大手腕的诀窍、大成功的秘诀,主要就在使用"指桑骂槐"法上。

宋太祖表面劝石守信他们享福,实际是要夺他们兵权,言在此而意在彼,本来是担心石守信他们权势过大而谋反篡位,却假托他们的部下为图富贵,逼迫他们谋反篡位。即假托别人的名义,而达到自己的目的。

"指桑骂槐"法,无论是言在此,意在彼,或者假借别人名义,达到自己的目的,都是在揭示"桑"与"槐"的矛盾对立与斗争:究竟是奸臣们在堵塞言路,还是唐宪宗在堵塞言路?究竟是担心石守信他们谋反,还是担心他们部下谋反呢?在同一思维论断的过程中,两个互相反对或互相矛盾的判断虽不能同时为真,但其中至少有一个是假的。这就是矛盾律。

书法竞赛中的巧问妙答
——出其不意法

出其不意,本是指作战时运用奇兵奇计,制服敌人,取得胜利。论辩中,我们也要善于用对方意想不到的机智口才来战胜对方。

《孙子·势篇》:"凡战者,以正合,以奇胜。故善出奇者,无穷如天地,不竭如江河。"大凡两军交战,一般都要用正面的部队与敌军战斗,以奇兵来取胜。所以,善于出奇制胜的将帅,其战法的变化如天地运行那样无穷,像江河那样奔流不息。

南齐时,有个著名书法家叫王僧虔,是晋代王羲之的四世族孙,他的行书、楷书继承祖法,造诣颇深。

当时南齐太祖萧道成也擅长书法,且自命不凡,不乐意自己的书法逊于臣子。

一天齐太祖提出要与王僧虔比试书法。写毕,齐太祖傲然问王僧虔:"你说说,谁第一? 谁第二?"

王僧虔既不愿抑低自己,又不愿得罪皇帝,他眉头一皱,说:"臣的书法,人臣中第一;陛下的书法,皇帝中第一。"

太祖听了,只好一笑了之。

皇帝要比书法,而且还问谁好,这本身就是一个出奇的、顶难回答的问题。

谁第一,谁第二,对于一个争强好胜的人,特别是一个争强好胜的皇帝来说,是一个至关重要乃至要命的问题。如实说自己第一吧,开罪皇帝难免不起祸端;说皇帝第一吧,又有慑于皇权,趋炎附势之嫌。

"臣的书法,人臣中第一;陛下的书法,皇帝中第一。"对奇问作奇答,似回答实未答,模糊应对,出奇制胜。

所以连皇帝也只好"一笑置之"。

1984 年里根为了竞选总统,与对手蒙代尔进行电视辩论。在辩论中蒙代尔自恃年轻力壮,竭力攻击里根年龄大,不宜担此重任。

里根回答说:"蒙代尔说我年龄大而缺乏精力,我想我是不会把对手年轻、不成熟这类问题在竞争中加以利用的。"

这一绝妙的回答立即博得全场的热烈掌声。最后,选民们接纳了里根。

蒙代尔在电视辩论中,只是说"里根年龄大,不宜担此重任",并没有说自己"年轻,不成熟"。里根的奇招就在于他的有意曲解,进行嘲讽。表面是说不利用"对手年轻、不成熟",实际正是在于揭露"对手年轻、不成熟",以守为攻,以柔克刚,终于达到赢得辩论,且赢得选民的目的。

曲解含讽既在词语的含义上做文章,也在词语的转义上做文章。

威尔逊任新泽西州州长时,他接到来自华盛顿的电话,说新泽西州的一位议员,即他的一位好朋友刚刚去世了。威尔逊深感震惊和悲痛,立即取消了当天的一切约会。然而几分钟后,他接到了新泽西州的一位政治家的电话:

"州长"那人结结巴巴地说:"我……我希望代替那位议员的位置。"

"好吧"威尔逊对那人迫不及待的态度感到恶心,他慢吞吞地回答说:"如果殡仪馆同意的话,我本人是完全同意的。"

正沉浸在好友议员去世悲痛中的威尔逊,突然接到迫不及待想顶替死者当议员的政治家的电话,他就有意曲解"位置"一词,将政治家觊觎的"议员位置"转义为"殡仪馆的位置",用机灵的幽默,表达了对这位新泽西州政治家的反感与嘲笑。

出其不意的另一常用策略是反问寓答,就是从反面提出问题肯定正面的意思,同时也对对方论点作了有力驳斥。

实验物理学家法拉第,有一次在大庭广众之中做电磁学的实验表演。实验刚结束,忽然有人站起来高声问法拉第:"这有什么用呢?"法拉第不假思索地回答说:

"请问,新生的婴儿有什么用呢?"

包括提问者在内,谁都是从婴儿长大的。对"婴儿有什么用",这一反问是自明的。法拉第将处于实验阶段的电磁学理论,跟新生婴儿作类比,启人遐思,发人深省——使提问者自觉地去批判对科学实验的怀疑态度。对科学发展的未来也从受启发的反躬自问中寻思而得之。

出其不意自然是指言辞的,但也可以是写物的,如果在出其不意地示以实物则会使言辞更加有力。

奇路不是歪路,奇辩绝非诡辩。持之以正,辅之以奇,方能出奇制胜,克敌制胜!

"谐音"词语的妙用

——一语双关法

"隐深幽默"是"一语双关"法的第一生命。晦而不露,幽默横生,是运用这种手法的基本要求。

一语双关在言谈中有很好的表达功能。先引一副对联:

上联:稻粱菽麦黍稷许多杂种不知谁是先生

下联:诗书礼易春秋皆是正经何必祸及老子

其中的"杂种""先生""正经""老子"都是一语双关。出句人把"杂种"与"先生"相提并论。隐含之意是杂种是先生,先生就是杂种。五谷铺垫,抛出杂种,这是蓄意骂先生的。

对句人也不甘示弱,因势反驳,但很文雅、堂正,以"正经"与"杂种"相抗衡,妙在"老子"一语。老子要作两种解释:一种是老子姓李名耳,乃是我国道家鼻祖,与孔子、孟子、墨子、荀子等诸子一样,是历史人物;第二种是自称"老子"占人便宜。反击利落而有教养。

在针锋相对,气氛炽烈的论辩场合,有时人们不免发点暗箭,在心理上打乱对方的阵脚,从而出奇制胜,坐收"说"果。这时如不以其人之道,还治其人之身,就很可能导致在辩论中败北。

如有两人在谈论中外名人,忽然一个发难:"请你讲一讲项羽、拿破仑。"另外那一位对项羽倒还熟悉,可是对法国的事情却一无所知。于是,他开脱自己:"项羽力可拔山,气可盖世,岂有破轮而不能拿乎?"绝妙的搪塞!掩盖了自己的虚弱,对方也无法掌握底细及其动机。

运用双关的技巧,还常常会起到讽刺、反击等种种妙用。

有个人十分贪杯,常常喝得酩酊大醉。朋友们都很痛心,一再劝他不要滥饮,无奈他就是听不进去。大家商量来商量去,决定设一条妙计,吓唬他一下,也许能起到作用。

一天,当他大醉大吐之后,朋友们弄来一块猪肝,沾些污物,给他看过,说:"人有五脏才能活命,现在你喝酒无度,吐出一脏,只有四脏了,生命已经十分危险,今后不要再喝了。"

哪知这人醉了心不糊涂,他故意撒酒疯:"唐三藏都能上西天取经,何况我还有四脏呢?"

酒鬼运用谐言,把"藏"与"脏"牵扯到一起,令朋友们无可奈何,充分显示了这酒鬼机智的辩才。

有个女婿,能言善辩,一次同媳妇一块儿到老丈人家去串门。

丈人是个吝啬鬼,在午餐席上,只摆盘生柿子和几样蔬菜。

女婿伸手拿过生柿子,连皮一块儿吃。媳妇在屋里看见了,连连说"苦"！女婿一边吃,一边回答说:"苦倒不苦,只有些涩(啬)。"

苦涩的"涩"与吝啬的"啬"同音,女婿借此讥讽老丈人的吝啬。他吃柿子连皮一起吞,逗引他媳妇发问,以讥讽他的丈人。

在词语的选择上,女婿也显出了煞费苦心,不说柿子苦,而说涩,旨在运用谐音双关。虽然嘴受了点罪,却达到了讥讽以泄不满的目的,足显其机智了。

纪晓岚与和珅同朝为官。纪晓岚任侍郎,和珅任尚书。

有一次,两人同饮,和珅指着一只狗问:"是狼是狗?"

纪晓岚非常机敏,立即意识到和珅是在转弯抹角的骂自己,就给予还击。他泰然自若地回答道:

"垂尾是狼,上竖是狗。"

这"是狼"与"侍郎"谐音,"上竖"与"尚书"谐音,和珅用谐音攻击纪晓岚,自以为稳操胜券,聪明卓绝,没想到纪晓岚用同样的技巧以其人之道,还治其人之身,使狡猾的和珅没有占到丝毫便宜。

三个朋友到一家小酒店喝酒,店里只剩下一个空位子。三个人各不相让,争吵不休,最后商定:"谁吹的牛大,谁就坐这个位子。"

三个人中有一个是瞎子,他抢先说:"我目中无人,该我坐这个位置。"

另一个矮子,他说:"且慢,我不比常(长)人,应该由我来坐。"

第三个人是驼背,他不慌不忙地说:"你们都别争了,其实,你们都是直(侄)背(辈)的,这个位子,理所当然应由我来坐。"

三个人,皆用谐音技巧,真是各有千秋,难分上下。

运用双关的技巧,还可以在诡辩中灵活地驾驭语言,显出智慧。

一个富人,有几亩闲田,租给张三耕种,每亩要鸡一只。

张三将鸡藏在身后,富人就作吟哦之声道:

"此田不给张三种。"

张三连忙将鸡献出来。富人又吟道:

"不给张三却给谁?"

张三问其故,富人道:

"开头是无稽(鸡)之谈,后来是见机(鸡)行事啊!"

富人巧用谐音,使他在事情突然发生变化——张三献出鸡后,能够迅速应变,圆满解决了双方关系的短暂失衡,又挽回了面子。

又如,一位区长同一位厂长谈话,区长话中带刺地说:"你很有'前途',很懂'理想'哇!"厂长一听,这是批评自己追求盈利。于是,他迅即反驳过去:"对!我有'钱'就'图',有'利'就'想',这就是我理解的前途和理想!"区长说:"岔道鬼多怎么办?"厂长答:"路宽人正怕什么?"

这里不仅"理想"同"利""想",前途同"钱""图"谐音,有双关作用,而且"岔道鬼多"和"路宽人正"也是别有隐义。

总之,无论是谐音双关或意义双关,只要运用自如,都可收到巧舌如簧之效。鉴于一语双关具有模仿性、类比性、幽默性,故在运用"双关反驳"法时,还需要注意以下几个关键问题。

第一,格调要高尚文雅,内容纯净正派。要以德服人,以理胜人,切忌粗俗低级。

第二,隐深幽默。这是"一语双关"法的第一生命。晦而不露,幽默横生,是运用这种手法的基本要求。

第三,切弊、联想。不仅要善于捕捉对方的隐衷,还要善于发现破绽、矛盾。

一般说来,"一语双关"法虽然难以在论辩中充当主攻力量。攻其侧翼,收到的效果却同样不可忽视。

亚历山大的秘书是谁

——举例反诘法

复杂的推理可能符合论文的目的,但出色的辩论应当以事实说话,要一连串事实都指向同一方向。

卡耐基说,如欲说服人,最好的方法就是举出例证。它远比抽象的论证要有更大的说服力。

特别对于那些全称肯定判断或全称否定判断的命题,或者类似主观的臆断、论断,只要举出一个相反的、个别的例子,这些命题、论题就不攻自破了。

有一次,拿破仑对他的秘书说:"布里昂,你知道吗?你也将永垂不朽了。"

布里昂不解拿破仑的意思,拿破仑解释说:"你不是我的秘书吗?"

布里昂笑了笑说:"请问,亚历山大的秘书是谁?"

拿破仑答不上来,他赞扬道:"问得好!"

问得好,好在哪?

好就好在举例反诘上。

按拿破仑的意思:

永垂不朽者的秘书,也是永垂不朽的,这是大前提;

你是我拿破仑的秘书,这是小前提;

结论:"你也将永垂不朽。"

看来布里昂并不寄望于依靠名人扬名,但仍不忘作为秘书对主帅的尊重,所以采用表面请教的方式,表达反诘的内容:"请问,亚历山大的秘书是谁?"这是直接反驳论点,证明了大前提的虚假。大前提不真实,那结论就不攻自破了。

突出的、典型的事例,往往胜过千言万语,比雄辩滔滔的语言更有说服力。

1899年前后,美国作家马克·吐温在伦敦时,曾应邀参加审议一个版权法案。

马克·吐温的观点非常明确:公正的版权期限应该是永久性的。

他的意见遭到了思林勋爵的激烈反对。思林勋爵说,书本只是由一些概念所组成,而观念的东西根本谈不上是财产。所以书本怎么也不能算是财产,不能作为财产而有权永远存在,决不能从掌管国家福利的立法机构里得到恩典。

马克·吐温决定用事实说话,叫思林勋爵没有反驳的余地。他说,其实,永久性的版权已经存在于英国了,如圣经《新约》和

《旧约》，还有几种宗教书籍，被认可为享有永久的版权。这种永久版权不是由穷作家、挨饿的孤儿寡妇享受的，它成了牛津大学出版社的财产。

这是无可驳倒的一击，思林勋爵第一次说不出话来。

马克·吐温乘胜追击，声称要思林勋爵举出一百万个事件。他说，在这个地球上，任何一个有价值的财产，没有一样不是人们运用知识，运用观念创造出来的。要不是由于被称为"观念"的那些奇妙想法，就不会有铁路、电报、印刷机、留声机、电话——在世界上称之为"财产"的东西，有价值的东西，全都不会有。听了这些言之凿凿的事实，思林勋爵更是说不出话来。

在大量事实的基础上，马克·吐温得出结论说："一本书中的观念，应该跟那些为地球上所有财产创造了价值的观念平起平坐。人们理应承认，一个作家的子女，对由于他的观念所产生的东西，理应有享受权，这跟英国任何一个啤酒酿造商的子女，或者任何房子和土地所有者的子女，或者享有永久版权的《圣经》所有者的子女，完全一样。"

辩到这里，思林勋爵无话可说，只好认输了。

丘吉尔也曾说，复杂的推理可能符合论文的目的。但出色的辩论应当以事实说话，要"一连串事实都指向同一方向"。重读马克·吐温为后人争得版权的雄辩，信然。

的确，辩论中常常用具体事例作为论据来证明自己所持观点的正确性。但具体事例往往是多义的，从不同的角度可以推演出不同的含义，有时甚至是截然相反的两种含义。

机智的论辩者常常利用具体事例的多义性，接过对方所用的事例，从相反方面取义，回驳对方的观点，这是"举例反诘"法更高一层的技巧。

《晏子春秋·内篇》有这样一则记载:齐景公去署梁打猎,十八天不回国,晏子为此去见齐景公。

"国内的人都以为君王专心于野外射猎而不安心于国家政事,喜欢鸟而不喜欢民众,这样不行啊!"

齐景公说:"怎么不行啊?关于民间诉讼的事有子中承办;关于祭祀社稷宗庙的事有子游承办;关于迎接诸侯宾客的事有子羽承办;关于辟田耕种粮食收藏的事有申田承办;关于国家调剂有余补充不足的事有你承办。我有了你们五个管事的能臣,就像心脏有了四肢一样,四肢辛勤劳作,心脏就得以休息安逸。现在有了你们五个人在那里辛勤劳作,我就得以休息安逸,难道不可以吗?"

晏子回答说:"我的看法与你相反。有了四肢的辛勤劳作,心脏就可以休息安逸。但四肢离开了心脏则不能工作,何况已经十八天了,不是太久了吗?"

于是,齐景公罢猎归国。

齐景公用心脏与四肢的关系举例,着眼于四肢的功能、职责,以此为喻,证明只要手下的臣僚们各司其职,勤奋工作,国君就可以放心地离国游乐了。

晏子敏捷地接过齐景公使用的论据,也用心脏与四肢的关系打比方,但从反面取义,着眼心脏的功能与职责,以此证明,臣僚们受国君的主宰,即使臣僚们辛勤工作,国君也不该纵情游乐久不归国。

当然,举例容易,要以例打例则难了许多,也无法在辩论前预做准备,只能在论辩过程中随机择定,待时而用。

举例与设喻并不是一码事,但二者有相通之处,就在于它们都源自联想,都要求贴切!

马戏团的丑角

——迂回论证法

采用迂回论证法往往是因为问题复杂,或对方深怀敌意、居心不良,不便用一般手段对付。

一次,有一个很不礼貌的观众在演出的幕间休息时,走到俄国著名丑角马戏演员杜罗夫身边问道:

"丑角先生,观众看起来对您十分欢迎啊。"

"还好。"

"是不是说要在马戏团中受到欢迎,丑角就必须有一张愚蠢而丑怪的脸蛋呢?"他问得很尖刻。

"确实如此。"杜罗夫说,"如果我能生一张像你那样的脸蛋的话,我准能在现在的基础上拿到双薪。"

那个挑衅的观众碰了一鼻子灰,只好灰溜溜地回到自己的坐席上。

杜罗夫并没有给对方正面的回击,而是采取了先迂回再出奇兵的战术。实践中,主要针对如下几种情形:

一、对方提出问题明显,你不能如实答复,也不便直接否定,不妨借用对手的选择作出"迂回"的表象。

二、若对方的论证没有理性,使你难以接受其观点,不妨也非理性地提出对抗性的命题,对方必然要质疑,于是你就可以借他来求证,以反驳他原来的结论。

三、对方利用荒谬证据,推理荒谬结论,而荒谬不是出于无知,而是出于故意,不妨利用其证据荒谬的基础,用共同性质的荒谬论据,推出他不愿接受的结论。

《古今谭概》中有这样一个故事,齐大夫邴石父谋叛,被齐宣王杀了,齐宣王还要杀他的宗族,邴石父的族人求救于艾子,艾子于是去见齐宣王,问他道:

"谋叛的只是邴石父一人,他宗族的人犯下什么罪过,也要被杀呢?"

齐宣王说:"这是先王的法度,不敢废掉,法典上明明白白地写着:'与判贼同宗族的人杀无赦。'"

艾子说:"我知道大王这是不得已而为之。可是我听说以前公子巫在邯郸投降了秦国,那个公子巫不是大王的舅舅吗?那么大王也是叛臣的族人,按照法典也该连坐,那么大王也该马上自尽啊,不能因为爱护自身而破坏了先王的法度啊!"

说着他从怀里掏出了一根 3 尺长的绳子,献给齐宣王。齐宣王哭笑不得,只好说:"先生算了吧,寡人赦免他们了!"

艾子要救邴石父的族人而与齐宣王论辩,齐宣王以冠冕堂皇的理由"先王之法不敢废"而拒绝了。

可是艾子没有正面论辩"先王之法可废与否"的问题,而是迂回到齐宣王的舅舅曾投降秦国的事实,先将他一军,使齐宣王后院火起,陷入了进退维谷的困境。

齐宣王要么赦免邾石父的族人,要么就得上吊自杀。为了摆脱困境,他只好赦免了邾石父的族人,艾子的"迂回论辩"法成功达到了目的。

这种战术在现代辩论中运用也是很普遍的。例如,有些国家时常指责他国政府打击邪教是侵犯"民主、自由和人权"。

该国政府的发言人反驳说:"难道你们容许践踏你们国家的宪法和法律,推翻政府吗?难道你们容许冲进白宫,破坏军用设备,残杀士兵吗?难道你们在50年代,60年代和70年代不是多次发生过学潮和骚乱?你们不是每次都出动警察和军队,甚至还出动空降部队去镇压学生和工人吗?你们又有什么资格来指责我们呢?"

这一连串的反问,犹如一排排重磅炸弹,直捣敌后,击中了这些国家自相矛盾的荒谬逻辑,击中了他们打着民主旗号,干涉他国内政的险恶用心。

面对论敌的进攻,该发言人并没有消极防御,而是以攻为守,迂回到敌人的后方,把论敌对我方的责难变为攻敌的武器,使其只有招架之功,再无还手之力了。因此,在某种意义上说,我们可以把"迂回论证"法等同于"围魏救赵"的军事上的著名战略:

战国时,魏国围攻赵国的都城邯郸,赵国危急,向齐国求救。齐王命田忌、孙膑带兵去救赵国。孙膑考虑到魏国的精锐部队在赵国,内部空虚,就带兵攻打魏国,诱使魏军赶回应战。齐军在途中设伏袭击,大败魏军,从而救了赵国。这就是"围魏救赵"的来历。

将兵法引入辩法之中,对我们运用"迂回论证"法也有触类旁通的启迪：

在论敌专注于向我发动进攻时，难免会暴露出后方空虚的状况。论敌或逻辑荒谬，自相矛盾；或论据虚假，难支论题；或言行不一，自欺欺人，我方可抓住论敌的这些致命弱点，迂回包抄，捣敌后方，从而战胜论敌。

来看两个实例：

丘吉尔脱离保守党，加入自由党时，一位媚态十足的年轻妇人对他说：

"丘吉尔先生，你有两点我不喜欢。"

"哪两点？"

"您执行的新政策和您嘴上的胡须。"

"哎呀，真的，夫人。"丘吉尔很有礼貌地回答说："请不要在意，您没有机会接触到其中任何一点。"

天子之怒与士人之怒

——软硬兼施法

婉言相劝，晓以利害；泰山压顶，以势逼人；这二者都是辩场上的利器。然而，合二为一的时候，你更会发现，它的妙用无穷。

战国时代，各国争雄，互相侵扰。为了使自己立于不败之地，一大批善于辞令的谋臣辩士便应运而生。"唐雎说秦王"的例子就是其中运用"软硬兼施"法的成功实证。

一天，秦王派人去告诉安陵君："秦国愿意用500里土地来换安陵。"安陵君说："承蒙大王照顾，用大的换小的，真是好极了。不过，我们的土地是祖先传下来的，我不敢调换。"秦王知道后很不高兴。为了说服秦王，安陵君派唐雎出使秦国。

唐雎来到秦国，拜见秦王。秦王十分傲慢的对唐雎说："我用500里的地方来换安陵，安陵君却拒绝我，这是什么道理？况且，秦国已经灭掉韩国、魏国，安陵君只有50里地方，却偏偏存在，是因为他是个谨慎的人，我没有把他放在心上的缘故。如今我用10倍的土地来扩大安陵君的地盘，他却违抗我，这不是轻视我吗？"

唐雎说："不，不是这样。安陵君从祖先那里继承的土地，要永远保住它，即使拿1000里土地也不敢调换，何况只有500里呢？"

秦王听了甚为恼怒："你可曾听说过天子发怒吗？"

唐雎说："我没有听说过。"

秦王说："天子一发怒，会使百万尸首横地，鲜血流淌千里！"

唐雎说："大王可曾听过布衣之士发怒吗？"

秦王说："布衣之士发起怒来，也不过是扔掉帽子，空手赤脚，用脑袋撞地罢了。"

唐雎答道："这是平常人的发怒，不是士人的发怒。从前，专诸替吴公子行刺吴王僚的时候，彗星冲击月亮；聂政为严仲子杀韩傀的时候，白虹穿过太阳；刺客要行刺吴王僚的儿子庆忌的时候，苍鹰在殿上扑击。这三位都是布衣之士，他们的满腔怒气还未迸发，上天就降示预兆。现在加上我，将要变成第四个人了。如果布衣之士非要发怒不可，倒在地上的尸体虽只两具，流血不过五步，可是天下的人都要穿上丧服，现在就是时候了!"说完，拔出宝剑，跃起身，逼近秦王。

秦王吓得脸色惊变，躬身长揖，向唐雎道歉，说："先生请坐，我明白了，韩魏两国所以灭亡，而安陵只有50里却能安然存在，就是因为有先生您在啊!"

上面的故事足以说明，双管齐下，软硬兼施的机智语言，在语言活动中，是很有效的。虽然古往今来，"软硬兼施"一词总是被作为贬义词使用的，其实，作为一种语言技巧，无论是坏人对好人，或是好人对坏人，软硬兼施，是没有什么感情成分的。也就是说坏人可以使用它，好人当然也可以。现实生活中，家长教育孩子时，不也常常要双管齐下，软硬兼施地对孩子发动"言语攻势"吗？因此，不论是敌对的场合，还是非敌对的场合，不论是好人还是坏人，都可以通过这一策略来实现意图。这里，吕甥智对秦穆公的经历，也有我们值得借鉴参照的技巧。

相传，春秋时期，晋惠公夷吾是靠秦穆公的帮助当上国君的，之前，他曾经许诺即位后将把河东五城馈赠给秦国，但回国即位后，晋惠公却反悔了，不肯履行自己的诺言。晋国遇到灾荒，向秦国借粮，秦穆公慷慨相助，但秦国遇到了饥荒，晋国却一粒粮食也不肯救援。因为这两件事，使秦穆公大为恼火，待他度过饥荒后，立即发兵进攻晋国。结果，秦国大胜，捉去了晋惠公，晋惠公只好招吕甥来秦讲和，迎还自己。

吕甥奉命至秦，秦穆公在王城会见了他。秦穆公问吕甥："晋国人和睦吗？"吕甥回答："不和。"按一般情况来说，回答"和睦"才对。因为这样可以不向对方暴露自己的短处,从而维护自己国家的尊严。但吕甥却作了反常的回答——"不和"。这令秦穆公也很感到意外,更使他对吕甥的答话发生兴趣。于是秦穆公接着问:"为什么不和?"通过这一问,他想听听这位外交家是如何品评自己的国家的短处的。然而他错了,吕甥回答"不和"只是虚晃一枪,真相却在后头。

吕甥回答道:"小人们羞耻于国君被人捉去,哀悼死于战争的亲人,不怕征税练兵,拥立太子作国君。他们说'一定要报秦国的大仇,甚至不惜投靠戎狄'。而君子们爱惜自己的国君,并且知道自己的罪过,以等待秦国的命令。他们说'一定要报答秦国的恩德,即使死了,也不能有二心'。因此,晋国人不和睦。"

秦穆公也不是等闲之辈,当然对吕甥回答的含意听得明明白白。你看晋的人,虽然对秦的态度不同,但"不怕征税练兵",志在保卫国家的态度却是完全一致的。这不明明是团结一致对外,和和睦睦无间吗?足见吕甥所说"不和"是假,而说"和睦"才真。

那么,吕甥的真招是什么呢?

吕甥借回答"不和"的机会,向秦穆公暗暗抛出了两把"刀子",一把是"硬刀子":借小人之口,表达出晋国人不畏强暴,誓死报国仇的决心。以敌秦的姿态,要挟秦穆公,迫使其早做放还晋惠公的打算。硬刀虽狠,但弄不好也会适得其反。因此,他同时还使用了一把"软刀子":借君子之口,以顺眼的言辞,表达出晋国人对秦穆公放还晋惠公的期待。在吕甥软硬两把"刀子"的威逼利诱,灭了穆公的威风,长了自己的志气。再加上又拉又捧,挑明利害,给秦穆公指明了一条与晋国和好的出路——立即放还晋惠公。

秦穆公听后，衡量一下利弊。于是说道："这正是我的本心啊！"并立即放出惠公，加以厚礼。吕甥取得了胜利。

古人偷窃后人诗
——移花接木法

脑中有了"移花接木"的意识，你自然会渐渐把握反击的技巧，但另一方面必须更加小心了，自己的话如果被别人"移花接木"，就只好"有苦说不出"了。

在论辩的过程中，对方时常会提出尖锐的问题来攻击你的论点，这就好像是战场上向你方阵地忽扔过来的手榴弹。在本书的其他篇目中，我们主要是告诉你如何躲开这手榴弹，或是怎样扔一个更大的手榴弹给敌人。而你有没有想过，我们也可以捡起敌人扔过来的手榴弹，在它爆炸前扔回去呢？

金庸先生的《天龙八部》里正是有一门这样的绝世武功——姑苏慕容氏的"以彼之道，还施彼身"。

不要妄自菲薄地认为，"绝世武功"就是"高深莫测"，先来看看下面的这些故事：

一次，著名的诗人歌德在韦玛公园一条只能通过一个人的小径上散步，迎面来了个极不友好的人冲着歌德喊道：

"对一个傻子,我绝不让路!"

歌德连忙让到一旁,笑容可掬地说:

"我却让的。"

运用了"移花接木"法,果然,一句话就把"傻瓜"的帽子从自己头上摘下,戴到对方头上去了。多么富于智慧!

中国古时有个叫魏周辅的人,他把自己的诗送给著名的诗人陈亚看,希望得到赞赏后可以一举成名,洛阳纸贵。

陈亚发现了魏周辅的诗中有抄袭前人的句子,于是作出了很严厉的批评。

魏周辅很不服气,又送上了一首绝句来为自己辩解:

"无所用心叫'饱食',怎胜窗下作新词?文章大都相抄袭,我被人说是偷诗。"

陈亚按照他的诗的原韵,和了一首诗反驳说:

"以加贤人该加罪,不敢说你爱偷诗。可恨古人太狡猾,领先偷了你的诗。"

"古人偷窃后人诗",陈亚故意依着魏周辅荒谬的逻辑,推出了这么一个荒谬的结论,自然魏的逻辑也就不攻自破了。

读过上面的故事,不难看出"移花接木"法的关键在于"移"和"接"上。而运用这一方法,一个必要的前提就是首先得听出对方话语的实质和目的。

其次,要分析对方攻击自己的理由和根据,也就是要找出"以彼之道还施彼身"中的"彼之道"来。

最后,巧借对方的话或用过的攻击方法反击对方,打他个尴尬无奈,措手不及。

在这三个步骤中,最关键的是承上启下的第二步,细心的读

者不妨读完后面的故事,一一分析出反击者的"道"来:

一个被指控酒后开车,并被判拘留一周的司机,在法官面前申诉说:

"我只是喝了些酒,并没有像指控书中说的那样喝醉了。"

法官听后微微一笑,说:

"正因为这样,我们才没有判处你监禁七天,而只判拘留你一个星期。"

答案:法官的解释,既回避了司机的纠缠,又让司机懂得对开车司机来说,"喝了些酒"开车与"喝醉了酒"开车的区别,就如"监禁七天"与"拘留一星期"的区别一样,只不过是说法不同而已!

苏联诗人马雅可夫斯基曾与反对苏维埃政府的人进行论辩。

反对者屡占下风,不由勃然大怒,甚至开始了人身攻击:

"马雅可夫斯基,你维护苏维埃,这和那些混蛋差多少?"

马雅可夫斯基怒而不露,不慌不忙地走到反对者跟前说:

"我和混蛋只有一步之差。"

曾经有个叫丘浚的人去逛庙,庙里的老和尚见他十分寒酸,就对他非常冷淡。这时恰好又有位地方官吏也来逛庙,老和尚见了,马上满脸堆笑热情招待,恭敬备至,把丘浚撂在一旁不予理睬,丘浚十分不满。等官吏走了之后,丘浚就问老和尚:"你为什么对当官的这样恭敬,对我却冷若冰霜?"

"你不懂。"老和尚急忙辩解道,"按我们佛门的规矩,恭敬就是不恭敬,不恭敬才是恭敬!"

丘浚听罢,哈哈大笑,猛然间操起一根大木棒,照老和尚的头打去,老和尚双手抱头哇哇直叫。众人连忙拦住丘浚,老和尚问道:"你为何打人?"

丘浚一本正经地说:"……"

(猜猜看,丘浚说了些什么)

老和尚满面羞惭,无言以对,众人也对他侧目而视。

(答案:丘浚一本正经地说:"既然你说恭敬就是不恭敬,不恭敬才是恭敬,那么我打你就是不打你,不打你才是打你了!")

修　行

　　一位大和尚和一位小和尚冒雨走在泥泞的路上。在一个路口,他们看见一位漂亮的姑娘站在那里,面对一个大泥坑走不过去。"来吧,姑娘。"大和尚说着,抱起姑娘,把她带过泥坑。看到这一幕,小和尚脸上露出惊讶的神色。一路上,小和尚没讲一句话。直到他们夜里抵达投宿的寺庙,他终于忍不住了,对大和尚说:"我们当和尚的要远离女人,特别是年轻漂亮的女人,你为什么要那么做?""我早就把那女孩放下了。"大和尚说,"你还带着她?"原来,仅仅能捆住自己手脚的人与能把握自己心灵的人相比,前者的问题的确要多得多。

与此相似,古希腊也有这样一个流传很广的关于谬论家欧布利德的故事。

欧布利德有一次向邻居借了一笔钱,约定一个月后归还。期限到后,邻居向他讨钱,欧布利德为了占便宜,就故作惊讶地说:"我没有借您的钱啊!"

邻居说:"你忘了吗?是上个月向我借的。"

欧布利德耍赖说:"对,上个月我借了您的钱,不过,您应该知道,哲学家说,一切皆流,一切皆变。现在的我已经不是上月向您借钱的我了,您怎么能叫现在的我为过去的我还钱呢?"

邻居很快跑回去拿来一条木棒,把欧布利德痛打了一顿。(这和丘浚的方式如出一辙,可道理却不一样)

"好,你打人啊!等着瞧吧,我要到法院控告你。"欧布利德气急败坏的说。

邻居笑嘻嘻地说:"您去告谁啊?您刚才不是说一切皆流,一切皆变吗?现在的我,已经不是刚才打您的我了。您要告,就告刚才打您的那个我吧!"

欧布利德摸摸身上的伤痕,无言以答,知道这一顿打算是白挨了!

(答案:从道理上说,欧布利德的谬论是片面夸大了哲学上变化的绝对性,否认了相对静止的存在。但邻居知道,和这样的无赖讲道理意义不大,于是沿着他的谬论,给了欧布利德实际的教育。)

欧布利德自食苦果之后仍不悔改,还想玩弄新的花招。

有一天,快下雨了,大公吩咐他带人把晒谷场上的谷堆搬回仓库去。他阳奉阴违,谷子都淋湿了。大公责问他为何不把谷子收起来,欧布利德诡辩说:"一粒谷该不是谷堆吧!再加一粒,也还不能成为谷堆,这样每加一粒谷,每次都不能成为谷堆,因此根本就不存在谷堆,我又怎么能把它运回仓库里呢?"

大公听了只微微一笑,口上没有反驳,心里却已有了惩罚他的计划。

到了发工钱的那一天,只有欧布利德一个人什么都没有发到,他于是跑去责问大公。大公早已料到他有此一问,不紧不慢地回答他说:"一个钱币该不是你的工钱吧? 再加一个,也还不是吧? 这样每加一个钱币,而每个钱币都不是你的工钱,因此你的工钱根本就不存在,叫我怎么付给你呢?"

结果,欧布利德再次尝到了搬起石头砸自己脚的痛苦。

还有许多类似的故事,同样以一个笑话作为结尾吧,一笑之余,也许你能有些意外的收获。

阿凡提开了一个染坊,一个财主有意刁难他。

财主拿来一匹布对阿凡提说:"阿凡提,你把这匹布染成不黑、不白、不红、不绿……不是一切颜色的颜色。"

阿凡提自信的说:"可以,你放在这里吧!"

"那我什么时候来取货呢?"

阿凡提仿照着财主的口气说:"不是周日,也不是周一、二、三、四、五、六的那一天来取好了。"

"你为什么不到地狱去?"

——以谬制谬法

条分缕析常常难以突出重点,缺乏力量,而"以谬制谬"的本质正是用一种不同义的反复放大了对方的谬误,以更为雄辩的姿态站立在对手面前。

为了驳倒一个错误论调,有意将对方的荒谬观点引发出来,使其表达得更加淋漓尽致,那么,对方的错误观点则暴露得更加明显,然后先假设对方的观点为正确的,再由此推出错误的结论来反击对方,这便是"以谬制谬"法。它也是一种强有力的反击法,是论辩中的"显微镜"与"放大镜"。在论辩中,能使对方的错误暴露无遗。

在美国废奴运动中,废奴主义者菲利普斯到各地巡回演讲。一次,一个来自反废奴势力强大的肯塔基州的牧师问他:

"你要解放奴隶,是吗?"

"是的,我要求解放奴隶。"

"那么,你为什么只在北方宣传? 干吗不敢去肯塔基州试试?"

菲利普斯反问:"你是牧师,对吗?"

"是的,我是牧师,先生。"

"你正设法从地狱中拯救灵魂,是吗?"

"当然,那是我的责任。"

"那么,你为什么不到地狱去?"

其实,牧师的提问很有道理,一个声称要解放奴隶的人,总在没有奴隶的地方叫喊,确实让人心烦。

但菲利普斯的反驳却强而有力,他用"以谬制谬"法轻而易举地战胜了对方。

逢年过节,船老板得按规矩弄几样菜,招待船员。这年端午,船老板端了四样小菜,提了一把长颈子锡壶,往船员们面前一放,说:"伙计们,喝酒吧!"说完就走开了。

有个伙计顺手把酒壶一提,轻飘飘的,揭开盖子一看,只有半壶酒。他很恼火,随手拿起一把锯子,把酒壶上半截锯下来就往江中一扔,把底下半截子照旧放好。

没过多长时间。老板来了,一看酒壶给锯了,气得吹胡子瞪眼珠,大声问道:

"怎么酒壶只剩半截啦,谁干的?"

锯壶的伙计不慌不忙地答道:

"我锯的,上半截又不装酒,留着没用!"

可见,运用"以谬制谬"法时,应注意发现对方的谬误,并对它进行全面的透视,然后寻找适当角度,进行有力反击。

清朝乾隆年间,福建省有个"神童"郑大济。

一次,郑大济的祖父郑贡生得罪了县官。县官一怒之下,硬把全乡的皇粮都派给郑贡生交纳,并且限令他在三日之内交清,否则就以"抗交皇粮"治罪。这下,可把郑大济的祖父给急坏了。

郑大济见祖父整日长吁短叹,就向祖父问明情由。

郑大济听了哈哈大笑道:"这事好办,明天让我去见县官,我自有办法对付他。"

第二天,郑大济戴上祖父的帽子,穿上祖父的长衫,摇摇摆摆地闯进县衙。

县官见了这个长衫拖地的孩子,认出是郑贡生的孙子,号称"神童"的郑大济。县官便厉声喝道:

"没毛小子,为何自己的衣服不穿,要穿公公的长衫?"

郑大济理直气壮地回答:

"请问县太爷,我是公公的孙子,公公的长衫尚且不准我穿,那全乡的人还不是我公公的孙子,有什么理由让我公公来负担他们的皇粮?"

县官听了,竟一时无话可说,只好免了他祖父交全乡皇粮的任务。

郑大济用的就是"以谬制谬"法。他先不急于反驳县官的荒谬逻辑，反而设了一个更加荒谬的"圈套"，待将对方诱入自己设好的圈套后，便一语击穿其中的荒谬之处，从而使对方的前一个论点不攻自破。

民间还流传过这样一个故事：

两个乡下财主站在村头说私房话儿，农夫老田见了，同他们打过招呼就走了。忽然，其中的一个瘦财主喊道：

"黑老田，站住！"

农夫站住了，对匆匆赶来的瘦财主说："您有什么事儿？"

瘦财主喘了喘气说："你打断了我们的话把子，赔五石谷，折合洋钱五十块，必须三日之内交清。"

老田回到家里，愁眉苦脸，茶饭不进，只差没有寻短见。他的妻子问怎么了，老田照实说了。他的妻子就说：

"这有什么可怕的？到时由我对付！"

到了第三天，田妻叫老田上山打柴，自己便在门口等着。瘦财主来了，劈头就问：

"你家老田呢？"

田妻不慌不忙地回答说："他上山挖漩涡风的根去了。"

瘦财主一听，喝道："胡说，漩涡风怎么还有根？"

田妻反问："那么，话还有把子吗？"

瘦财主无言以对，只得愤愤地走了。

通过上面的这些实例，我们可总结出运用"以谬制谬"法的两个基本决窍：

一是以谬制谬，模拟必须相当，谬说必须等值。如甲说："我

213

家的狗会讲话。"乙便说:"我家的驴会唱歌。"甲反问乙:"驴怎么会唱歌呢?"乙反问甲:"狗怎么会讲话?"这一反驳,由于驴和狗相当,唱歌与讲话等值,因而使甲张口无言。

二是无中生有的"无",必须是绝对的"无"。反之,就会给对方留下反击的空子,使自己陷于被动。

比如,有人说:"我家公鸡下了蛋。"另一人说:"我家母鸡叫了夜。"这就出了漏洞,有懈可击了。因为母鸡不是绝对不叫夜的,这样的反驳就无法起到以谬制谬的效果了。

上则故事中,财主的论题出奇的荒谬,田妻的论题也同样出奇的荒谬,其论题都是绝对的无中生有。田妻由于运用了"以谬制谬"法这一反驳手段,因而一击即胜,无须多费口舌。

参考文献

1. ［美］博恩·崔西著,黄丽茹译:《博恩·崔西:口才圣经》,企业管理出版社2011年版。

2. 巴尔塔萨·格拉西安,李艳芳:《处世的艺术》,天津社会科学院出版社2009年版。

3. ［美］巴拉克·奥巴马、莫里恩·哈里森、斯蒂夫·吉尔伯特编,陈嘉宁译:《一句话改变世界:奥巴马的演讲艺术》,安徽人民出版社2012年版。

4. 秉礼、顾平:《幽默故事大全》,未来出版社2007年版。

5. 陈浩:《幽默沟通学:零距离制胜的口才秘籍》,中国华侨出版社2013年版。

6. 陈晓明、艾克拜尔·米吉提:《名作家在北大的演讲》,北京大学出版社2012年版。

7. 蔡礼旭:《蔡礼旭大学演讲录》,世界知识出版社2011年版。

8. 邓的荣:《讲刊》,《讲刊》编辑部2013年版。

9. 朝林:《社交口才·立足社会的能力与资本》,甘肃文化出版社2004年版。

10. ［美］戴尔·卡耐基著,马剑涛、肖文建译:《卡耐基口才的艺术与人际关系全集》,中国华侨出版社 2010 年版。

11. ［美］戴尔·卡耐基:《卡耐基的魅力口才与处世智慧》,安徽教育出版社 2013 年版。

12. 丁畅:《口才演讲全集》,吉林大学出版社 2011 年版。

13. 丁振宇:《瞬间掌握幽默口才》,北京工业大学出版社 2011 年版。

14. ［美］多萝西·利兹著,曾献译:《口才》,民主与建设出版社 2004 年版。

15. 葛维实著,惠晨光绘:《最受欢迎的幽默口才》,中国城市出版社 2010 年版。

16. 何雅琳:《卡耐基智慧全书:为人处世与口才艺术的权威指南》,地震出版社 2006 年版。

17. 扈明星:《一生要学会的 100 种社交与口才》,时事出版社 2006 年版。

18. 杰夫:《实用辩论口才一本通》,中国纺织出版社 2012 年版。

19. 江彩、刘娟萍、程逊:《演讲与口才》,人民邮电出版社 2013 年版。

20. ［美］罗伯特·斯坦恩著,东方笑译:《幽默口才:修炼强大的魅力气场》,安徽人民出版社 2012 年版。

21. 赖淑惠:《幽默口才成功学》,新华出版社 2010 年版。

22. 罗盘:《幽默与口才》,立信会计出版社 2012 年版。

23. 骆非翔、麻石、吴蕾:《幽默力:跟名人学幽默口才》,中国纺织出版社 2012 年版。

24. 刘艳:《待人处事的口才艺术》,金盾出版社 2009 年版。

25. 刘同:《这么说你就被灭了》,上海文化出版社 2011 年版。

26. 刘烨:《疯狂口才》,新华出版社 2002 年版。

27. 刘青文:《演讲、辩论与口才》,北京教育出版社 2013 年版。

28. 刘有生:《让阳光自然播洒:刘有生演讲录》,世界知识出版社 2011 年版。

29. 林语堂:《怎样说话与演讲》,文化艺术出版社 2004 年版。

30. 林伟贤:《魅力口才》,安徽教育出版社 2012 年版。

31. [英]伦兹著,孔雁译:《说话的力量》,北京师范大学出版社 2007 年版。

32. [法]米歇尔·福柯著,莫伟民、赵伟译:《生命政治的诞生》,上海人民出版社 2011 年版。

33. [法]米歇尔·福柯著,佘碧平译:《主体解释学》,上海人民出版社 2010 年版。

34. 美国《读者文摘》编,裘果芬等译:《说话演讲的艺术》,上海翻译出版公司 1989 年版。

35. 穆楠枫编译:《最有影响力的斯坦福演讲》,哈尔滨出版社 2011 年版。

36.《实用文库》编委会编:《实用辩论技法大全》,电子工业出版社 2007 年版。

37. 宋泽军:《好口才:社交口才》,中国城市出版社 2013 年版。

38. 单霁翔:《文化遗产·思行文丛:演讲卷(三)》,天津大

218 学出版社 2012 年版。

39. ［美］唐·加博尔著，何云译：《5 分钟和陌生人成为朋友》，中华工商联合出版社 2012 年版。

40. ［美］托尼·杰瑞著，张怡译：《口才决定人生》，复旦大学出版社 2006 年版。

41. 谭慧：《中国式饭局口才术》，安徽人民出版社 2012 年版。

42. 王瑞泽：《美国大选电视辩论集》，译林出版社 2012 年版。

43. 王玉秀：《辩论》，辽海出版社 2011 年版。

44. 王阳：《哈佛口才课》，新世界出版社 2012 年版。

45. 杨凡用：《好口才是练出来的》，中国城市出版社 2006 年版。

46. 殷亚敏：《21 天掌握当众讲话技巧》，机械工业出版社 2010 年版。

47. ［美］约翰·哈斯林著，马昕译：《演讲力》，世界图书出版公司 2010 年版。

48. ［美］约翰逊：《赢在辩论》，外语教学与研究出版社 2010 年版。

49. 余世伟：《学会和领导说话》，新世界出版社 2009 年版。

50. 余潇枫：《中外经典辩论选读》，浙江文艺出版社 2012 年版。

51. 姚娟：《口才与人际关系学》，海南出版社 2009 年版。

52. 雅瑟：《口才三绝：演讲、辩论、会说话》，新世界出版社 2013 年版。

53. 袁方:《跟我学:辩论口才》,中国经济出版社 2006 年版。

54. 艳子:《二十几岁要懂的幽默口才》,机械工业出版社 2012 年版。

55. 周璇璇:《实用社交口才》,北京大学出版社 2008 年版。

56. 周正舒、吕银凤:《言辨之法(图文版)》,蓝天出版社 2011 年版。

57. 曾强:《演讲口才的技巧》,大众文艺出版社 2009 年版。

参考文献